Schludi
Vor Ort und virtuell. Archive und Gesellschaft im digitalen Zeitalter

WERKHEFTE DES LANDESARCHIVS
BADEN-WÜRTTEMBERG

Herausgegeben
vom Landesarchiv Baden-Württemberg

Heft 28

2023

Jan Thorbecke Verlag

Vor Ort und virtuell
Archive und Gesellschaft im digitalen Zeitalter

Vorträge des 81. Südwestdeutschen Archivtags
am 19. und 20. Mai 2022

Herausgegeben von
Ulrich Schludi

2023

Jan Thorbecke Verlag

VERLAGSGRUPPE PATMOS

PATMOS
ESCHBACH
GRÜNEWALD
THORBECKE
SCHWABEN
VER SACRUM

Die Verlagsgruppe
mit Sinn für das Leben

Die Verlagsgruppe Patmos ist sich ihrer Verantwortung gegenüber unserer Umwelt bewusst. Wir folgen dem Prinzip der Nachhaltigkeit und streben den Einklang von wirtschaftlicher Entwicklung, sozialer Sicherheit und Erhaltung unserer natürlichen Lebensgrundlagen an. Näheres zur Nachhaltigkeits-Strategie der Verlagsgruppe Patmos auf unserer Website www.verlagsgruppe-patmos.de/nachhaltig-gut-leben

Bibliografische Information der Deutschen Nationalbibliothek
Die Deutsche Nationalbibliothek verzeichnet diese Publikation in der Deutschen Nationalbibliografie; detaillierte bibliografische Daten sind im Internet über http://dnb.d-nb.de abrufbar.

Alle Rechte vorbehalten
© 2023 Landesarchiv Baden-Württemberg und Jan Thorbecke Verlag
Verlagsgruppe Patmos in der Schwabenverlag AG, Ostfildern
www.thorbecke.de

Lektorat: Dr. Ulrich Schludi und Maren Volk, Landesarchiv Baden-Württemberg
Umschlaglayout: Bureau Johannes Erler, Hamburg
Satz: satzwerkstatt Manfred Luz, Neubulach
Druck: CPI books GmbH, Leck
Hergestellt in Deutschland
ISBN 978-3-7995-2018-8

Inhalt

Gerald Maier
Vorwort 7

Ulrich Schludi
Einführung 9

Angela Weiskopf
Zukunft und Wandel der Innenstädte – Chance für die Kultur? Gedanken aus stadtplanerischer Sicht am Beispiel der Stadt Reutlingen 13

Johannes Milla
Das Archiv in der Stadt und der Stadtgesellschaft: Ein Ort der urbanen und sozialen Identität. Gedanken aus Sicht eines Kommunikationsgestalters 25

Alain Dubois
„Archiv für alle". Das Staatsarchiv Wallis auf dem Weg zu einem Dritten Ort 37

Joachim Kemper
Als Archiv in der „DialogCity". Digitalladen und digitales Stadtlabor als analog-digitale „Schnittstellen" des Stadt- und Stiftsarchivs Aschaffenburg 53

Marco Birn
Hybrid oder Hybris? Das Kreisarchiv Reutlingen und seine Bemühungen um öffentliche Wahrnehmung 67

Peter Worm
Digitize-it! – Chancen und Grenzen internetgestützter Benutzung im Stadtarchiv Münster 77

Fred van Kan
Auf dem Weg zu einem vollständigen Online-Angebot. Innovationen beim Gelders Archief 95

Autorinnen und Autoren 105

Vorwort

Im März 2020 hat die Corona-Pandemie nicht nur das gesellschaftliche Leben weitgehend zum Stillstand gebracht, sondern auch die Archive aus ihrem Alltag und ihren Planungen gerissen. Auch nach der Wiedereröffnung der Lesesäle stellte sich der vorpandemische Zustand zunächst nicht wieder ein: Die Platzanzahl in den Lesesälen musste limitiert werden, wohingegen die Zahl der Anfragen genauso wie die der Digitalisierungsaufträge vielerorts deutlich anstieg. An die Stelle der Nutzung vor Ort trat in vielen Fällen die Online-Nutzung. Vermittlungs- und Bildungsveranstaltungen, die aufgrund der damaligen Bestimmungen nicht vor Ort durchgeführt werden konnten, wurden in digitale Formate umgewandelt und erlebten einen überraschend großen Zuspruch. In diesem Zusammenhang kamen auch ganz neue Personengruppen in Berührung mit den Archiven und lernten deren Angebote kennen und schätzen.

Deutlich wurde zugleich aber auch, dass Archivarinnen und Archivare genauso wie die Archiv- und Geschichtsinteressierten aus Wissenschaft und Gesellschaft die persönliche menschliche Begegnung, die direkte Kommunikation und Interaktion zunehmend vermissten. Als Konsequenz ist in der Verbindung der bewährten Veranstaltungen und Nutzungsmöglichkeiten vor Ort und der neueren virtuellen Formate vielerorts eine dauerhafte Kombination von *vor Ort* und *virtuell* entstanden, die sich über die Pandemie hinaus bereits bewährt hat und seither beständig weiterentwickelt wird.

Eine umfassende Präsenz von Archiven im digitalen Raum ist dabei aber noch nicht gegeben.

Zwar hat beispielsweise der Prozess hin zu einem virtuellen Lesesaal mit der Onlinestellung von Findmitteln und Digitalisaten in vielen, vor allem größeren Archiven schon lange vor der Corona-Pandemie begonnen, doch sind bei der genauen Ausgestaltung noch Fragen offen, etwa was interaktive Beratungs- und Kommunikationselemente angeht. Gleichzeitig geraten gegenwärtig mit der Diskussion um das Archiv als sogenannter *Dritter Ort* sowie angesichts neuer partizipativer Ansätze in der Auseinandersetzung mit Geschichte neue Formen und Möglichkeiten der Begegnung mit Geschichte und Archivgut in den Blick.

Der 81. Südwestdeutsche Archivtag am 19. und 20. Mai 2022 in Reutlingen hat diese tiefgreifenden Entwicklungen und Veränderungsprozesse aufgegriffen und unter dem Titel *Vor Ort und virtuell. Archive und Gesellschaft im digitalen Zeitalter* zum Thema gemacht. Passend dazu wurde der zweite Tag der Veranstaltung sowohl vor Ort in der Stadthalle Reutlingen als auch virtuell ausgerichtet, um nach den guten Erfahrungen des Vorjahrs weiterhin eine digitale Teilnahme zu ermöglichen.

Die Auseinandersetzung mit den in Reutlingen behandelten Themen ist selbstverständlich mit Abschluss des Archivtags oder dem Vorliegen dieses Tagungsbands keineswegs zu Ende. Entsprechend verdienen die vielfältigen Anstöße und Thesen der Referentinnen und Referenten des 81. Südwestdeutschen Archivtags eine tiefere Beschäftigung. Ihnen allen sei für die sehr angenehme Zusammenarbeit mit dem Tagungspräsidenten sowie natürlich insbesondere für ihre Beiträge in Wort und Schrift herzlich gedankt. Gleiches gilt den Leiterinnen und Leitern der Bildungsveranstaltungen am Vortag.

Mein Dank gilt ebenso Dr. Peter Müller, dem Leiter des Staatsarchivs Ludwigsburg im Landesarchiv Baden-Württemberg und langjährigen Geschäftsführenden Präsidenten des Südwestdeutschen Archivtags, der die Vorbereitung und Durchführung der Tagung mit sehr großem Engagement begleitet und in vielfacher Weise unterstützt hat – genauso wie dem Tagungspräsidenten Dr. Ulrich Schludi, der sich von der Planung des Tagungsprogramms bis zur Verschriftlichung der Beiträge intensiv um den diesjährigen Archivtag bemüht hat.

Meinen Dank aussprechen möchte ich ferner der Stadt Reutlingen und dem Landkreis Reutlingen als Gastgebern des Südwestdeutschen Archivtags. Dr. Roland Deigendesch, Leiter des Stadtarchivs Reutlingen, und Dr. Marco Birn, Leiter des Kreisarchivs Reutlingen, haben sich als Kollegen vor Ort nicht nur in die inhaltliche Vorbereitung des Archivtags eingebracht, sondern gemeinsam mit ihren Mitarbeiterinnen und Mitarbeitern auch die Organisation am Tagungsort übernommen.

Dank gebührt aber auch den Unternehmen, die die Archivmesse in Reutlingen getragen und den Südwestdeutschen Archivtag finanziell unterstützt haben.

Für das Lektorat und die Drucklegung haben Dr. Ulrich Schludi und Maren Volk die Verantwortung übernommen – auch ihnen herzlichen Dank.

Stuttgart, im April 2023

Prof. Dr. Gerald Maier
Präsident des Landesarchivs Baden-Württemberg

Einführung

Von ULRICH SCHLUDI

Vor Ort und virtuell – diese Paarung stand als Motto über dem 81. Südwestdeutschen Archivtag am 19./20. Mai 2022 in Reutlingen, der sich unter dem Eindruck der Corona-Pandemie mit dem Verhältnis von Archiven und Gesellschaft im digitalen Zeitalter beschäftigte. *Vor Ort und virtuell* – das beschreibt das Spannungsfeld, in dem die Archive sich aktuell bewegen. Und dieses Spannungsfeld wirft die grundlegende Frage auf, wie die Archive der Gesellschaft im digitalen Zeitalter begegnen, wie sie mit ihr kommunizieren und ihr Angebot und ihren Service gestalten wollen.

Gerade die Corona-Pandemie hat uns allen noch einmal ganz drastisch die Bedeutung der Digitalisierung in der Gesellschaft vor Augen geführt. Noch dazu hat die Pandemie viele Prozesse und Entwicklungen angestoßen und gerade auch den Trend zur Digitalisierung erheblich beschleunigt. Und dies betrifft eben nicht nur die Gesellschaft allgemein, sondern auch ganz konkret unsere Archive, die auf diese Entwicklung reagieren (müssen).

Welche Dynamik die Pandemie für die Archive erzeugt hat, zeigen die ganz praktischen Veränderungen, die im archivarischen Berufsalltag dieser Tage erlebbar sind: Die Lesesäle waren nach ihrer Wiedereröffnung im Frühjahr 2020 spürbar leerer, während sich die Nutzung aus der Ferne mit Anfragen, Digitalisierungsaufträgen und Online-Zugriffen im Gegenzug intensiviert hat. Viele Archive haben digitale Kommunikations-, Beratungs- und Bildungsangebote eingerichtet oder erheblich ausgebaut, und diese Angebote haben in den letzten drei Jahren einen großen Zulauf erlebt. Gleichzeitig ist den Archiven mancherorts auch erst so richtig bewusst geworden, dass die bisherigen analogen Angebote v. a. im Nahbereich um das Archiv Anklang gefunden haben, während sie eine Teilhabe der weiter entfernt Wohnenden, der Berufstätigen oder der nur eingeschränkt Mobilen stark erschwert, wenn nicht unmöglich gemacht haben. Entsprechend häufen sich die Rückmeldungen, die neuen digitalen Angebote nach dem Ende der Pandemie nicht aufzugeben, so sehr gleichzeitig auch die persönliche Begegnung geschätzt wird.

Dies alles wirft für die Archivarinnen und Archivare die Frage auf, wie sie ihre Arbeit und letztlich die Kommunikation und Interaktion zwischen Archiv und Gesellschaft insgesamt zukünftig gestalten wollen. Noch viel mehr als zuvor stellt sich die Frage nach der Öffnung für neue Nutzerinnen- und Nutzergruppen. Damit verbunden ist zu überlegen, welche neuen Mitwirkungsformen und Kommunikationsräume die Archive ermöglichen wollen und wie die archivische Vermittlungs- und Bildungsarbeit der Zukunft aussehen soll. Ganz drängend stellt sich aber auch die Frage, wie künftig der Zugriff auf das Archivgut sowie die Beratung und Unterstützung der Nutzerinnen und Nutzer zwischen analogen und digitalen Möglichkeiten gestaltet werden können, um den Wünschen und Bedürfnissen des Gegenübers zu entsprechen.

Abschließende Antworten auf diese Fragen kann eine einzelne Tagung nicht bieten, zumal wenn das Tagungsthema so aktuell ist. Und doch haben die in Reutlingen versammelten Referentinnen und Referenten viele wertvolle Sichtweisen und Aspekte eingebracht und von spannenden Projekten in diesem Spannungsfeld zwischen virtuellem Angebot und Vor-Ort-Service berichtet, die die Diskussion befruchten können.

Angela Weiskopf, Baubürgermeisterin der Stadt Reutlingen, führte zu Beginn der Tagung in die aktuelle Entwicklung der Innenstädte ein, in denen Digitalisierung und Online-Handel, beschleunigt durch die Covid19-Pandemie, dazu führen, dass das Einkaufen in der Innenstadt an Bedeutung verliert, während umgekehrt gemischt genutzte Strukturen und neue Nutzungsmöglichkeiten, darunter kulturelle Institutionen und Angebote, an Gewicht gewinnen.

Johannes Milla greift diese aktuellen Veränderungsprozesse aus Sicht eines Kommunikationsgestalters auf und fordert von den Archiven, sich für alle Gruppen der Gesellschaft zu öffnen und als Dritten Ort zu definieren. Dabei komme es vor allem darauf an, dass die Archive den Menschen die Möglichkeit der Partizipation einräumten. Die Bürgerinnen und Bürger sollten die Chance bekommen, sich das Archiv wirklich anzueignen, ein Teil davon zu werden und sich auf vielfältige Weise aktiv einzubringen.

Wie ein Archiv in die Mitte der Gesellschaft rücken und zu einem Dritten Ort werden kann, zeigt Alain Dubois in seinem Beitrag am Beispiel des Staatsarchivs des Wallis und dessen vielfältigen analogen wie digitalen Angeboten auf. Als Teil des Kulturzentrums Les Arsenaux verfolgt man die Vision, ein *Archiv für alle* zu werden und sich für die ganze Bevölkerung des Kantons zu öffnen – mit dem Ziel, dass diese sich die Welt der Archive entsprechend ihrer individuellen Interessen, Wünsche und Neigungen aneignen könne.

Joachim Kemper setzt die digitale Partizipation der Bürgerinnen und Bürger ganz in den Mittelpunkt seiner Vision eines zukunftsfähigen Archivs und erläutert anhand des Stadtlabors Aschaffenburg 2.0, des analogen Digitalladens und vieler anderer Projekte, wie das Stadt- und Stiftsarchiv Aschaffenburg vor dem Hintergrund der digitalen Transformation neue Wege geht – mit dem Ziel, die Bürgerinnen und Bürger an der digitalen Geschichtsvermittlung und -kultur teilhaben zu lassen und ihnen die Möglichkeit zu geben, sie mitzugestalten.

Marco Birn zeigt am Reutlinger Beispiel auf, wie ein Kreisarchiv, das für einen großen und historisch nicht einheitlichen Landkreis zuständig ist, sich erfolgreich aufmachen kann, die Menschen im Kreis besser zu erreichen, ihr Informationsinteresse zu bedienen und heimat- und familiengeschichtliche Forschungen zu ermöglichen. Dazu hat man für den Kreis und seine Bewohner unter dem Dach eines übergreifenden Kommunikationskonzepts einerseits ein digitales Kulturportal mit historischem Schwerpunkt aufgebaut, andererseits aber auch neue Formen des direkten analogen wie digitalen Kontaktes geschaffen.

Die beiden letzten Beiträge des Tagungsbandes ergänzen diese Anstöße, indem sie die möglichen Veränderungen in der Nutzung der Archive im digitalen Zeitalter in den Blick nehmen. Peter Worm berichtet in diesem Zusammenhang von dem Projekt *Digitize-it!*, mit dem das Stadtarchiv Münster in der beginnenden Corona-Pandemie die kostenlose Digitalisierung und Onlinestellung auf Nutzerwunsch eingeführt hat, um damit jedem Interessierten mit kurzer Vorlaufzeit auch aus der Ferne den Zugriff auf die gewünschten Archivalien zu eröffnen. Dankenswerterweise war Peter Worm im Nachgang der Tagung bereit, die durch dieses Projekt angestoßenen Veränderungen der digitalen wie analogen Nutzung seines Archivs für die Zeit bis zum Jahreswechsel 2022/23 nachzuvollziehen und im nachfolgend abgedruckten Beitrag auszuwerten.

Den Schlusspunkt setzt der Beitrag Fred van Kans über den Weg des Gelders Archief in Arnheim zu einem vollständigen Online-Angebot, an dessen Ende die digitalen Zugriffs- und Kommunikationsmöglichkeiten so gut und vollständig ausgestaltet sein sollen, dass der Besuch vor Ort demgegenüber normalerweise keinen Vorteil mehr bringt. Dazu hat man schon 2016 die Digitalisierung und Onlinestellung auf Abruf eingeführt und diese u. a. durch die Einführung eines Live-Chat-Angebots und statische Angebote wie Forschungsführer und FAQ-Seiten ergänzt.

Was aber bleibt vom Südwestdeutschen Archivtag 2022 in Reutlingen, wenn man die Tagung mit ihren Beiträgen noch einmal Revue passieren lässt?

Vor Ort und virtuell, dieses Spannungsfeld wird längst nicht mehr im Sinne eines platten Entweder-Oder diskutiert. Vielmehr kommt es darauf an, analoge und digitale Angebote sowie Kommunikationsformen und -wege geschickt zu verknüpfen und dieses Miteinander optimal aufeinander abzustimmen, wie Marco Birn es an der Vorgehensweise des Reutlinger Kreisarchivs beispielhaft verdeutlichte.

Was das für das Angebot der forschenden Archivnutzung im Lesesaal bedeuten könnte, zeigen die Beiträge Peter Worms und Fred van Kans. Dabei ist beiden nicht nur gemeinsam, dass sie schon jetzt einen digitalen Zugriff auf das gesamte Archivgut fordern. Ebenso ist es beider Ziel, den Nutzerinnen und Nutzern des virtuellen Lesesaals einen Beratungsservice zu bieten, der in der Qualität gegenüber jenem im Lesesaal vor Ort nicht zurücksteht. Wie sich analoge und digitale Elemente in der Nutzung, in der Beratung und Begleitung der Nutzenden am besten verbinden lassen, wird allerdings zukünftig noch vertieft zu diskutieren sein – die Antworten, die hier in den Archiven gegeben werden, liegen aktuell noch weit auseinander.

Ein roter Faden, der sich fast durch alle Beiträge des 81. Südwestdeutschen Archivtags zog, ist die Bemühung, das eigene Archiv als offenes Archiv, als *Archiv für alle*, neu zu denken und diese alte Forderung in der Gegenwart konkret auszugestalten. Ein zentrales Stichwort ist dabei das der Partizipation: Jeder soll sich mit seinen speziellen Wünschen, Anliegen und Fragen, Interessen und Neigungen einbringen können, soll sich an der Auseinandersetzung mit Geschichte, aber auch der Gestaltung von Geschichtskultur und -vermittlung beteiligen können.

Entsprechend sollen Formen und Möglichkeiten, Angebote und Räume geschaffen werden, in denen das Gegenüber sich die Archive in vielfältiger und mitunter ungewohnter Weise aneignen kann. Die vorgetragenen Beispiele und Anregungen gehen über die üblichen Formen der Nutzung von Archivalien teilweise weit hinaus. Jenseits der klassischen Forschungsarbeit kann man sich mit der Geschichte eben auch auseinandersetzen, wenn man, wie von Alain Dubois beschrieben, auf dem Literaturfestival *Lettres de soie* im Archiv überlieferte Liebesbriefe fortschreibt oder sich mit Personen beschäftigt, die wie man selbst die alte Heimat verlassen haben bzw. geflohen sind. Im Rahmen von Aschaffenburg 2.0 kann man sich an einer digitalen Mitmach-Plattform beteiligen und mit den eigenen Erkenntnissen die Form der gegenwärtigen Geschichtsvermittlung mitgestalten. Oder man wird durch eine Abfolge von immer stärker aktivierenden Räumen wie am Beispiel des *idealen Archiventrées* von Johannes Milla vom passiven Gast zu einem aktiv Mitgestaltenden, der sich selbst als Person, mit seiner Geschichte, seinen Anliegen, Ideen und Fragen in das Archiv, dessen Arbeit und die Auseinandersetzung mit den Quellen einbringt, wie der Idealentwurf für das Staatsarchiv Ludwigsburg es skizziert. Und in der Konsequenz mag davon sogar die klassische forschende Auseinandersetzung mit Geschichte profitieren, wie es die Verfünffachung der Nutzendenzahlen im Staatsarchiv des Wallis möglich erscheinen lässt.

An diesen auf dem 81. Südwestdeutschen Archivtag in Reutlingen vorgetragenen Beispielen wird deutlich, wie viel mancherorts gerade schon experimentiert und auf den Weg gebracht wird, um Archive und Gesellschaft im digitalen Zeitalter in neuen Formen zusammenzubringen. Möglicherweise suchen sich Archive ja gegenwärtig tatsächlich, wie schon so oft in ihrer Geschichte, neue Orte in einer sich verändernden Welt.

Zukunft und Wandel der Innenstädte – Chance für die Kultur? Gedanken aus stadtplanerischer Sicht am Beispiel der Stadt Reutlingen

Von Angela Weiskopf

Wir alle haben unterschiedliche Bilder im Kopf, wenn wir von der *Innenstadt* sprechen. Da gibt es die bunte Warenwelt, die Fußgängerzone, den belebten Platz, die historische Bausubstanz, vielleicht auch das inhabergeführte Geschäft oder aber den Budenzauber an Weihnachten. Innenstädte und Stadtzentren sind Orte des urbanen Lebens. Sie sind geprägt durch Handel, Wohnen und Arbeiten, durch das Aufeinandertreffen und Zusammenkommen von Menschen. Dieses komplexe Miteinander bringt es mit sich, dass sich die Innenstädte in einem dauerhaften Prozess des Wandels befinden. Durch die sich ständig ändernden Rahmenbedingungen nimmt dieser Wandel im Laufe der Zeit an Intensität und Geschwindigkeit zu.

Abb. 1: Warenauslage in der Innenstadt. Aufnahme: Angela Weiskopf, Stadt Reutlingen.

Was waren die wichtigen – aus der Perspektive der Stadtentwicklung – wesentlichen Entwicklungsstufen der Innenstädte?

In den Jahren der Industrialisierung waren Produktion und Wohnen die beiden prägenden Elemente. Ab den 1920er Jahren haben die Kaufhäuser Einfluss auf die Gestaltung der deutschen Innenstädte genommen. Die Konsumtempel mit einer großen Sortimentstiefe und -breite wurden zu den zentralen Anziehungspunkten der Stadt. Hier gab es alles, was das Herz begehrte, auch wenn man sich das meist nicht leisten konnte. Und so entwickelte sich der Konsum schnell zum Hauptmotiv, in die Innenstadt zu kommen. Auch in der Nachkriegszeit prägten die Kaufhäuser die Innenstadtentwicklung städtebaulich, architektonisch und funktional und dominierten den eingesessenen eigentümergeführten Einzelhandel. Ein optisches Zeichen dieser Stellung sind die vorgehängten Wabenfassaden der Horten-Kaufhäuser. Diese abstrakten Fassaden aus „Hortenkacheln" wurden 1961 von Helmut Rohde entwickelt. Auch das Gesicht des Kaufhofs in Reutlingen wurde so „verschönert".

Die 1980er Jahre sind geprägt von einer zunehmenden Filialisierung des Einzelhandels. Die inhabergeführten Läden verschwinden immer mehr. In den Innenstädten entstehen zudem verstärkt Shoppingmalls. So verlieren die Zentren mehr und mehr ihren eigenen Charakter. Die Anekdote von jenen zwei Männern, die sich im Mövenpick in Bielefeld verabredet haben, nimmt das aufs Korn. Die Wegbeschreibung, die der eine dem anderen gibt, scheint zunächst noch ganz hilfreich: *Du musst Dich hinter dem C&A links halten, dann zwischen Fielmann und Nordsee hindurch und nach dem Woolworth rechts*. Die Verabredung kommt trotzdem nicht zustande, und als beide sich überlegen, woran es gelegen haben könnte, fällt schließlich dem einen ein: *Ach, wir hatten uns ja in Bielefeld verabredet, und ich bin ja in Osnabrück*. Aber genauso austauschbar sind unsere Innenstädte geworden.

Wenig später entsteht eine erste Konkurrenz für die Stadtzentren, und zwar durch gut erschlossene Einkaufszentren in Randlage. Diese präsentieren sich in der Regel wie „Ufos", die am Rande der Stadt auf freier Fläche gelandet sind und dann autogerecht erschlossen wurden. Ihre Fassaden sind abweisend und korrespondieren nicht mit dem öffentlichen Raum. Die bunte Warenwelt spielt sich im Inneren ab.

Seit dem Ende des zwanzigsten Jahrhunderts stößt die Digitalisierung wiederum neue Entwicklungen an. Der bequeme Einkauf vom Sofa gewinnt immer mehr an Bedeutung. Nicht nur die weniger gewordenen inhabergeführten Geschäfte, sondern auch die Kaufhäuser sind nun bedroht.

Andererseits haben sich die Innenstädte in den letzten Jahren wieder stärker als Veranstaltungsorte für kulturelle und gesellschaftliche Aktivitäten etabliert. Öffentliche Einrichtungen, Kultur- und Bildungseinrichtungen werden angesiedelt, und der öffentliche Raum für Feste, Straßenmusik und -theater genutzt. Insbesondere die Gastronomie gewinnt für die Belebung der Innenstadt an Bedeutung.

Mitten in diese verschiedenen Entwicklungsprozesse hinein bricht die Corona-Pandemie und beschleunigt die Prozesse des Innenstadtwandels. Der Online-Handel nimmt rasant zu, die Innenstädte sind plötzlich leer. Auch in der Reutlinger Innenstadt haben die Pas-

Abb. 2: Luftbild der Innenstadt Reutlingen. Vorlage: Stadt Reutlingen.

santenströme deutlich nachgelassen, nachdem die Läden wieder geöffnet waren. So wurden an den Samstagen des Jahres 2021 in Summe ca. ein Drittel weniger Besucher gezählt als noch vor der Pandemie. Dieser Besucherrückgang hat natürlich Folgen, die sich nicht nur in Reutlingen in Geschäftsaufgaben und leerstehenden Ladenlokalen äußern. Ein weiterer wesentlicher Teil der Innenstadtentwicklung sind aber auch die Veränderungen am Finanz-, Boden- und Immobilienmarkt. Die zentral gelegenen Geschäfte und Ladenlokale unterliegen stetig steigenden Ertragserwartungen mit entsprechend hohen Mieten, die es erst einmal zu erwirtschaften gilt. Mittlerweile – 2022 – haben die Besucherzahlen in der Innenstadt wieder zugenommen.

Wie werden sich die Innenstädte verändern? Wie müssen wir den Wandel steuern?

2021 hat die Imakomm Akademie mit Beteiligung der Deutschen Industrie- und Handelskammer, dem Deutschen Städtetag und weiteren Partnern eine Online-Befragung zum Thema *Post-Corona-Stadt* bei den deutschen Kommunen und innerstädtischen Wirtschaftsvereinigungen durchgeführt. 747 Standorte haben sich beteiligt.

Abb. 3: Kleinkunst in der Innenstadt. Aufnahme: Angela Weiskopf, Stadt Reutlingen.

Im Fazit kommt die Studie zum Ergebnis, dass das Einkaufen als Hauptbesuchsgrund der Innenstadt passé ist. Stattdessen nimmt eine Nutzungsvielfalt mit Wohnen, Co-Working-Spaces, Kultur, Aufenthaltsbereichen und Frei- und Grünflächen an Bedeutung zu. Leitbild ist die Multifunktionalität. Die Innenstadt soll zu einem agilen Lebensraum für viele unterschiedliche Nutzergruppen werden, zu einem gemeinsamen Projekt mit Real-Laboren und zu einem Ort des Austauschs. Als effektive Maßnahmen zur kurzfristigen Attraktivitätssteigerung werden Events, die Erlebbarmachung von Alleinstellungsmerkmalen und der Ausbau der Regionalität gesehen.

Welche Strategien kann man für die Weiterentwicklung der Innenstädte aus der Historie, den „Schocks" und den Analysen ableiten?

Das Ziel lautet: urbane Resilienz in Verbindung mit dem planerischen Leitbild der Nachhaltigkeit. Was heißt das aber konkret? Es gilt, die Strukturen so widerstandsfähig zu entwickeln, dass sie auf den kontinuierlichen Prozess des Wandels und der Transformation reagieren können. Wir müssen uns wieder gemischt genutzten Strukturen zuwenden. Die Stadt soll zu einem agilen Lebensraum werden mit Handel, Wohnen, Gastronomie, Dienstleistung – und natürlich auch Bildung, Kultur und Freizeit. Die Innenstadt muss zu einem

Abb. 4: Kulturelle Angebote in der Innenstadt Reutlingen. Vorlage: Stadt Reutlingen.

Ort besonderer Identität werden, einem Ort der Gemeinsamkeit und des Miteinanders. Dann bekommt sie auch eine Bedeutung für den Tourismus. Der öffentliche Raum muss weiterentwickelt werden zu einem multifunktionalen Ort des Austauschs, der Raum für Experimente, Aneignung und auch Veränderung lässt. Diese Weiterentwicklung der Innenstadt muss der Klimaanpassung Rechnung tragen. Wir brauchen grüne Lungen in der Stadt, wir brauchen Bäume, Wasser und Schatten.

Was bedeutet das am Beispiel Reutlingens?

In Reutlingen haben wir aufgrund der Kleinteiligkeit der Bebauungsstruktur günstige Voraussetzungen für gemischtgenutzte Strukturen. Heute leben in der Innenstadt ca. 3.200 Einwohner. Die Mieten entlang der Haupteinkaufsstraße, der Wilhelmstraße, sind allerdings so hoch, dass die Rendite mit der Ladenmiete erzielt wird. Viele Obergeschosse werden daher als Lagerfläche genutzt oder stehen leer. Es gibt insofern ein großes Potential, in der Innenstadt noch mehr Wohnraum zu generieren, insbesondere in den Haupteinkaufslagen.

Abb. 5: Historische Ansicht der Stadt Reutlingen mit Marienkirche um 1620 (Ausschnitt). Vorlage: Stadt Reutlingen.

Kultur- und Bildungseinrichtungen haben viele Begabungen und übernehmen neben der Wissensvermittlung vielfältige weitere Funktionen. So entwickeln sich Museen zu Ruheorten und Treffpunkten, Bibliotheken zu Lernorten und Orten der Begegnung. Hier kann man in Ruhe Zeitung lesen, eine Veranstaltung besuchen, spielen oder sich verabreden. Auch Archive können hier ihren Part übernehmen, wenn sie – mit geeigneten Räumlichkeiten in zentraler Lage ausgestattet – ihren traditionellen Service zum Beispiel durch Angebote der gemeinsamen Auseinandersetzung mit Geschichte und Gegenwart erweitern.

Abb. 6a und b: Geplantes Museum in der Oberamteistraße der Stadt Reutlingen. Entwurf: wulf architekten; Innenrendering: loomn; Außenrendering: Brutal & Delikat.

In der Innenstadt von Reutlingen gibt es eine Vielzahl von kulturellen und Bildungseinrichtungen, wie das Kunstmuseum Reutlingen im Spendhaus, das Naturkundemuseum, die Volkshochschule, die Stadtbibliothek und das Stadtarchiv, der Spitalhof oder die Stadthalle. Viele dieser Nutzungen sind barrierefrei, niederschwellig und ohne Eintritt zugänglich. Die Multifunktionalität dieser Orte soll weiterentwickelt werden: Neben ihrer originären Aufgabe der Bildungs- und Wissensvermittlung sollen die Kultur- und Bildungseinrichtungen zu multifunktionalen, experimentellen Orten mit digitalen Angeboten ausgebaut werden, die einen niederschwelligen Zugang für alle Kulturen und Generationen bieten. So können sie eine wichtige Funktion für den Zusammenhalt unserer Gesellschaft und die Entwicklung der Innenstadt übernehmen.

In der Oberamteistraße, der Straße mit den ältesten Bürgerhäusern der Stadt, wird aktuell eine wichtige Erweiterung des stadtgeschichtlichen Museums umgesetzt. Zwei Gebäude werden durch einen gläsernen Baukörper über eine mittelalterliche Kelleranlage verbunden. Damit wird das historische Vermächtnis dieses Ortes neu interpretiert. Hinter Glasschindeln wird die historische Bebauungsstruktur ablesbar. Entstehen wird ein öffentlich zugänglicher Treffpunkt, der zwischen Geschichte und Gegenwart vermittelt.

Abb. 7: Biosphärenstadt Reutlingen. Vorlage: Hartmut Schenker, www.albpanorama.de.

Die Innenstadt muss zu einem Ort unverwechselbarer Identität werden. Dafür haben wir in Reutlingen eine gute Ausgangslage. Die historische Innenstadt mit der Marienkirche als Wahrzeichen erzählt die Geschichte der ehemaligen Reichsstadt. Es gilt, die bestehenden historischen Zeugnisse – wie die verbliebenen Stadttore, die Mauerhäuser, den Zwingerturm oder die historische Bürgerhauszeile in der Oberamteistraße – besser miteinander zu vernetzen. Nicht nur Touristen suchen das Spezifische, das Unverwechselbare.

Ein besonderes Alleinstellungsmerkmal Reutlingens ist seine Lage im UNESCO-Biosphärengebiet Schwäbische Alb – hier kommt die Regionalität zum Tragen. Das Biosphärengebiet soll auch in der Innenstadt erlebbar und greifbar werden. Wir wünschen uns noch mehr regionale Märkte, regionale Manufakturen und Dialogstationen: eine Innenstadt, die mit ihrer Region und Landschaft korrespondiert.

Da die Innenstadt ein Ort der Vernetzung ist, spielt der öffentliche Raum dort eine zentrale Rolle. Hier trifft man sich, tauscht sich aus, diskutiert, protestiert und demonstriert. Die Innenstädte und Zentren bringen auf unterschiedlichen Ebenen das Sehen und Gesehenwerden, das Hören und Gehörtwerden zusammen.

Der öffentliche Ort muss aber auch zugunsten der Aufenthaltsqualität und für den Klimawandel qualifiziert werden: mit Sitzmöglichkeiten, Bäumen, Bepflanzung und Wasser für die Kühlung und das Kleinklima. Auch hier wurde schon viel erreicht. Die Renaturie-

Abb. 8a–b: Innenstadt Reutlingen – Plätze und Straßen. Vorlagen: Stadt Reutlingen

Abb. 9: Ort der gesellschaftlichen Auseinandersetzung, Klimacamp. Aufnahme: Angela Weiskopf, Stadt Reutlingen.

rung der Echaz im Bürgerpark bildet einen innerstädtischen Freiraum, der gut angenommen wird. Wasserspiele laden zum Kühlen im heißen Sommer ein. Der Weibermarkt wurde mit Bäumen und Wasserbecken neugestaltet, ein Ort, an dem viele nicht nur ihre Mittagspause verbringen. Wie wichtig grüne Oasen in der Stadt sind, zeigt der Garten des Heimatmuseums, eine Oase der Ruhe im geschäftigen Treiben der Stadt. Aber noch immer gibt es Plätze und Stadträume in unserer Innenstadt, die dem ruhenden Verkehr dienen und nicht den Menschen und ihrem Aufenthalt. Hier gibt es weiterhin Handlungsbedarf.

Die Innenstadt unterliegt einem stetigen Wandel. Diesen Wandel gilt es mit allen gesellschaftlichen Akteuren so zu gestalten, dass auch Experimentierräume, temporäre flexible Lösungen mit Aneignungspotential entstehen. Dieser Prozess ist bereits ein wichtiger Bestandteil der Entwicklungskonzeption, bei dem viele miteinander ins Gespräch kommen. Eine echte Herausforderung!

Bei all diesen Überlegungen gilt es jedoch unbedingt zu berücksichtigen, dass unsere Innenstädte auch weiterhin einem ständigen Wandel unterliegen. Diesen Wandel müssen wir im Rahmen der städtischen Entwicklungskonzeptionen als Prozess gestalten – und in diesen Prozess müssen alle gesellschaftlichen Akteure eingebunden werden: angefangen von den Bürgerinnen und Bürgern bis hin zu den verschiedenen Verbänden, Organisationen, Vertretern der Gastronomie, der Dienstleistungen, die Hochschule, Kultur- und Jugendeinrichtungen. Außerdem braucht es in diesem Prozess Experimentierräume, damit Neues wachsen und ausprobiert werden kann. Temporäre flexible Aneignungsräume sollen es den Bewohnern und Nutzern erlauben, sie immer wieder neu zu gestalten. Das alles hört sich auf den ersten Blick sehr aufwändig und komplex an. Und doch kann ein solcher Prozess nur so ein Erfolg werden. Und nicht weniger ist unser Ziel.

Das Archiv in der Stadt und der Stadtgesellschaft:
Ein Ort der urbanen und sozialen Identität. Gedanken aus
Sicht eines Kommunikationsgestalters

Von Johannes Milla

Zu einem Kongress über das Archiv in der Stadt und Stadtgesellschaft eingeladen zu werden, ist für einen Kommunikationsgestalter auf den ersten Blick überraschend. Denn ich beschäftige mich eigentlich mit Kommunikation im Raum. Aber nach kurzem Nachdenken habe ich festgestellt: Archive archivieren Kommunikation. Alles, was sie archivieren, sind Dinge, die kommuniziert wurden, und damit stehen Archive für das Festhalten von Kommunikation. Bevor ich mich jedoch der Fragestellung widme, erläutere ich Ihnen kurz den Kontext, aus dem ich komme und aus dem heraus wir dann auch für das Landesarchiv Baden-Württemberg ein Konzept entwickelt haben. Meine Agentur Milla & Partner verbindet Menschen mit Marken, Themen, Unternehmen, Wissen und mit anderen Menschen – durch Kommunikation im Raum: www.milla.de.

Bis heute profitiere ich von meiner geisteswissenschaftlichen Vergangenheit, die lange her, aber weiterhin äußerst präsent und nützlich ist. Im Rahmen meines germanistischen Studiums – das ich übrigens nicht zu Ende geführt habe, wie ich an dieser Stelle korrekterweise betonen möchte – habe ich an Hans Henny Jahnn geforscht, dem expressionistischen Autor der Jahre 1894–1959. Für diese Arbeit war ich in der Handschriftensammlung der Universitätsbibliothek Hamburg. Ich bekomme jetzt noch eine Gänsehaut davon, wenn ich daran denke, wie ich das Original in der Hand hatte und sah, wie der Autor streicht und wie er mit dem Lektoren ringt. Und wie ich so festgestellt habe, dass das gedruckte Buch eigentlich nur das Fixieren eines laufenden Prozesses ist. Sie werden das kennen – aber mich bewegt es bis heute.

Archive bewahren Kommunikation

Als Kommunikationsgestalter verbindet Milla & Partner Menschen mit Menschen und Menschen mit Themen. Basis unserer Arbeit sind Empathie und die Gestaltung von Lern-Orten, in denen Menschen durch räumliche Kommunikation und durch räumliches Erleben Inhalte erfahren und lernen. Mit unserer Gestaltung wollen wir hochkomplexe Themen und Sachverhalte für Menschen erreichbar machen – egal ob wir für die öffentliche Hand oder für Unternehmen arbeiten. Gerade bei diesen hat sich in den vergangenen 20 Jahren viel entwickelt: So besteht heute der Wert einer Marke, der Wert des Unternehmens auch in seiner

Vergangenheit, in der Heritage, wie man es neudeutsch nennt. Wir erzählen diese Geschichte häufig anhand der Produkte – und schaffen damit einen Querschnittsblick ins Innere, in das, was ein Unternehmen ausmacht. Es bleibt dabei natürlich nicht aus, sich ausführlich mit Didaktik, mit Digitalisierung sowie der Mischung aus digitalem und räumlichem Erleben auseinanderzusetzen. Ich denke, je digitaler die Welt, desto mehr braucht es die realen Begegnungen. Es braucht aber ebenso die Haptik und Sinnlichkeit, die Besuchende in unseren Ausstellungen erleben. Und dazu werden Archive in Zukunft hoffentlich einiges beitragen können.

Wertschätzung contra Fragmentierung

Damit kommen wir zum Thema *Partizipation* und zu der Frage, wie Stadtarchive – oder Archive mitten in der Stadt – Bestandteil der Gesellschaft werden können. Die Antwort lautet: indem die Menschen Teil davon werden und sich selbst einbringen. Denn unsere Gesellschaft wird digitalisierter und zerfällt, beschleunigt von dieser Digitalisierung, immer mehr. Menschen erleben immer weniger Wertschätzung und glauben, ihren Wert durch die Zugehörigkeit zu einer kleinen, möglichst in sich geschlossenen Gruppe zu finden, die ihre Identität durch Abgrenzung nach außen entwickelt. Das ist eine schwierige Entwicklung, die den gesellschaftlichen Zusammenhalt gefährdet. Insofern geht es immer mehr darum, das Gemeinsame, das Verbindende einer Gesellschaft zu finden. Dies kann gelingen, sofern sich jeder einzelne Mensch angesprochen und persönlich wertgeschätzt fühlt. Ich hatte im Laufe meiner Arbeit häufig mit Archiven zu tun – vor allem mit denen von Unternehmen. Sie sind ein kollektives Gedächtnis. Jeder kann sich dort finden, und so können Objekte Vergangenes sichtbar machen. Archive können daher viel zur Wertschätzung in einer Gesellschaft beitragen, denn sie zeigen durch ihren Bestand: DU bist Bestandteil dieser Gesellschaft.

Der Dritte Ort

Damit das aber auch gesehen und gehört wird, ist es wichtig, die Menschen anzusprechen und zu sich einzuladen – und hier kommt das Konzept des Dritten Ortes ins Spiel. Ein wunderbares Beispiel für einen solchen Ort ist das Carré d'Art in Nîmes von Sir Norman Foster. Schon vor 25 Jahren war ich begeistert, an einem prominenten historischen Ort dieses moderne Gebäude zu finden, welches einfach den Menschen diente. Es ist ein Stadthaus mit diversen Funktionen: ein Stadtarchiv, eine Stadtbücherei, eine Kunsthalle, ein Treffpunkt und Ort, an dem Schüler*innen ihre Hausaufgaben machen. Es ist ein vitaler Ort mitten in der Stadt – für eine Bürgergesellschaft.

Abb. 1: Carré d'Art in Nîmes. Aufnahme: Wolfgang Staudt, Saarbrücken, CC BY 2.0, https://creativecommons.org/licenses/by/2.0, via Wikimedia Commons.

Archive als räumliche Barrieren

Vor vier Jahren kam das Landesarchiv Baden-Württemberg, namentlich dessen Präsident Gerald Maier und sein Team, mit der Frage auf uns zu, wie das Staatsarchiv Ludwigsburg mit seinen Gebäuden am Arsenalplatz aufgrund seiner städtebaulichen Situation genutzt werden könne. Es besteht der Bedarf der Erweiterung, und damit bietet sich gleichzeitig eine städtebauliche Chance. Archive sind häufig in Verwaltungsbauten untergebracht. Dieses hatte vormalig sogar eine militärische Nutzung. Solche Gebäudetypen gestalten sich wenig einladend und werden daher meist als Barrieren wahrgenommen – in Ludwigsburg noch verstärkt dadurch, dass das Staatsarchiv wie ein Sperrriegel in der Sichtachse zwischen Bahnhof und Innenstadt liegt. Um das Staatsarchiv nun aber zu einem gesellschaftlich genutzten Ort zu machen, entwickelten wir gemeinsam mit Gerald Maier und seinem Team eine zukunftsfähige Konzeptstudie – insofern stelle ich hier ein gemeinsames Arbeitsergebnis vor.

Abb. 2: Ansicht des Staatsarchivs in Ludwigsburg vom Schillerplatz aus. Aufnahme: Milla & Partner.

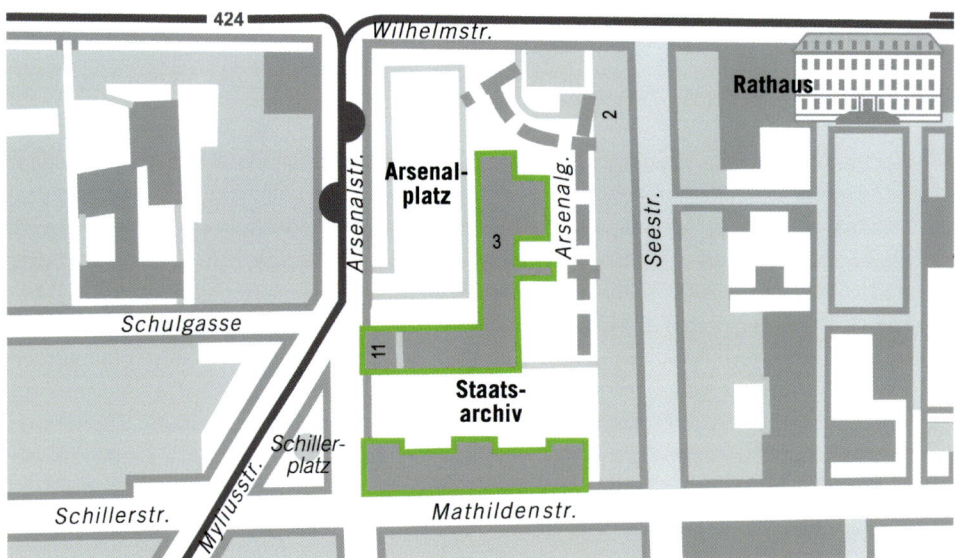

Abb. 3: Aktuelle Lage des Staatsarchivs Ludwigsburg. Grafik: Milla & Partner.

Transparenz und Partizipation für Alle.
Die „Trutzburg" wird geöffnet.

Das holländische Architekturbüro MVRDV hat ein sehr eindrucksvolles Gebäude – auch ein Archiv – in Korea gestaltet.[1] Es erzählt schon von außen, um was es hier geht, und war eine Inspiration für unsere Arbeit. Wie bereits erläutert, ist das Gebäude des Staatsarchivs eine städtebauliche Barriere, und dieser Eindruck wird durch den angrenzenden Arsenal-Parkplatz noch verstärkt: So entsteht eine Hinterhof-Situation, ein Un-Raum, eine Un-Fläche, mitten in der Stadt. Dazu die Baulücke am Schillerplatz, einem der zentralen Plätze der Stadt, der so keine Chance hat, ein Gesicht zu haben. Und hinzu kommt noch der Autoverkehr. Weil die Lagerflächen des Archivs ohnehin erweitert werden müssen und daher für die Verwaltung der landeseigenen Immobilien erheblicher Investitionsbedarf besteht, ergibt sich nun die Möglichkeit, ein Konzept für das Archiv und die Stadtgesellschaft zu entwickeln.

Die Herausforderung

Das Landesarchiv versteht sich als Stütze, als Gedächtnis, als Wissensspeicher, als Lernort der Menschen und muss als solcher erkennbar sein. Und hier ergibt sich für uns die Möglichkeit, neue Formate anzudenken. Es geht also nicht nur um ein Gebäude, sondern vielmehr um eine Haltung und ein ganz anderes Denken bei der Konzeption. Konkret bedeutet es, einen Treffpunkt, ein Café, einen Ruheort, einen Ort für Schulaufgaben, einen Denk-Ort, einen Kommunikations-Ort zu schaffen, der für alle Bürger*innen offen ist. Dabei ist es wichtig, dass ein Ort ohne Konsumzwang entsteht.

Die Idee ist, diesen Ort, den Neubau, auf den jetzigen Parkplatz zu setzen, damit er sich zur Stadt hin offen und nahbar präsentiert – und so auch den benachbarten Schillerplatz aufwertet. Er soll als Dritter Ort, als Begegnungs-, Lern-, Versammlungs- und Veranstaltungsort ausgebaut werden und vielfältige Aktivitäten, auch außerhalb seiner eigentlichen Funktion, zulassen. Dafür ist es notwendig, für diesen Ort eine spezifische urbane Identität zu schaffen und so einen Knotenpunkt für kulturelle und soziale Netzwerke zu etablieren. Diese Ausweitung der Nutzungsmöglichkeiten ist für ein Archiv eine herausfordernde Aufgabe, auch personell. Doch es geht darum, die Gesellschaft, das Miteinander-Leben und die Bildung noch weiter zu verzahnen und somit zu stärken.

Damit wollen wir neue Zielgruppen erschließen – und neuen Gruppen die Möglichkeit der Partizipation geben. Kommen bisher vor allem Wissenschaftler*innen und Hobbyforscher*innen, Lehrpersonal und Schulklassen, geschichts- und landeskundeinteres-

---

[1] MVRDV, Projekt: The Imprint. https://www.mvrdv.nl/projects/248/the-imprint (aufgerufen am 24.04.2023).

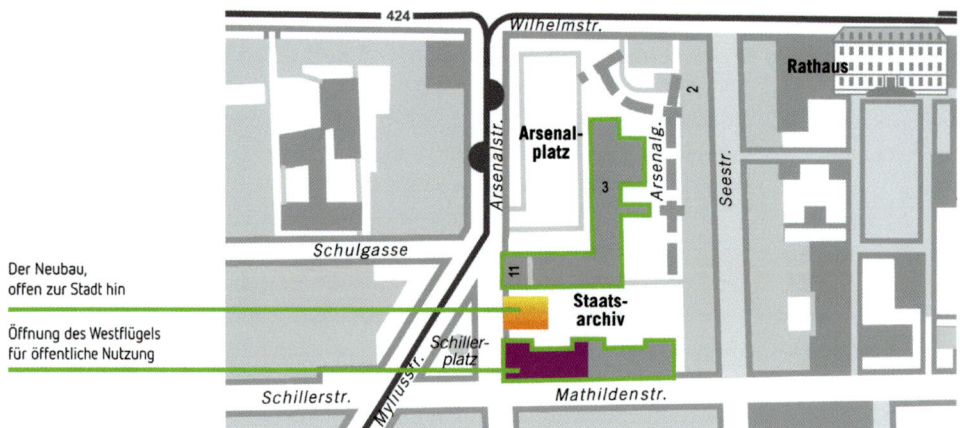

Abb. 4: Lage Neubau Staatsarchiv und geöffneter Westflügel. Grafik: Milla & Partner.

sierte Bürger*innen, Behörden und Kreative ins Archiv, möchten wir von nun an zusätzlich Laufkundschaft sowie eine diverse Besucherschaft aus jungen und alten Menschen, Lai*innen und Expert*innen sowie Menschen aus allen ethnischen und gesellschaftlichen Gruppen ins Archiv bringen. Das wiederum erfordert – und erlaubt – neue Nutzungen: Neben seiner Funktion als Sammlungsort und dem Ausbau zu einem Begegnungsort müssen wir Räume schaffen, in denen sich Besuchende vor Ort Fähigkeiten aneignen können, selbst mit historischem Material umzugehen. Das können Räume der monodirektionalen Vermittlung sein, aber genauso Orte der aktiven gemeinschaftlichen Auseinandersetzung mit Geschichte, sei es in Form von Kursen, Workshops, Forschungsnachmittagen o. ä. – für (fast) jedes Alter und für die ganze bunte Bandbreite unserer Gesellschaft. Aber auch eine Werkstatt, in der jeder etwas herstellen oder sich als Bürgerwissenschaftler*in in ein konkretes Projekt einbringen kann, ist angedacht, genauso wie die Möglichkeit, innovative Technik auszuprobieren. Insbesondere für die Menschen, die digitale Kanäle und Werkzeuge intensiv nutzen, soll die vorhandene technische Infrastruktur einen Mehrwert bieten: Was kann ich als Bürger dort selber nutzen? Kann ich dort einmal etwas ausprobieren, beispielsweise digitale Archive? Kann ich mich da andocken? Kann ich da was mitnutzen? Kann ich Server-Kapazitäten nutzen?

Ein Raum mit vielen Qualitäten

Als Gestalter haben wir uns natürlich gefragt, wie dieser Ort aussehen und sich anfühlen kann. Große Treppen als kommunikative, flexibel nutzbare Flächen im geschützten Innen- und auch Außenraum. Transparenz, wie wir sie uns grundsätzlich wünschen, kann beispiels-

Abb. 5: Das Museion in Bozen. Architektur: KSV Krüger Schuberth Vandreike / Fotograf: Ludwig Thalheimer Lupe.

weise durch transparente Fassaden gewährleistet werden, durch die offene Perspektiven möglich werden. Das Museion des Berliner Architekturbüros Krüger Schuberth Vandreike (KSV) in Bozen ist solch ein Ort, dessen Architektur, Ausstrahlung und Aura einen Ort der Begegnung und des Einfach-auch-mal-nur-Dasitzens schafft.

Ein paar vertiefende Gedanken zu Formaten und Räumen

Bei unserem Konzept haben wir viel Wert auf sinnvolle Raumabfolgen gelegt. Die Sequenzierung solcher Vorgänge wie Flanieren, Verweilen, Staunen, Entdecken, Erforschen oder Vertiefen ist die Basis für die Abfolge von öffentlichen bis hin zu geschützten Räumen. Auch das Erleben eines Raumes ist immer eine Serie von Szenen. Und deswegen ist es so wichtig, solche Gebäude von innen nach außen zu entwickeln. Bisher war der Prozess bei Bauprojekten der öffentlichen Hand meist anders herum und aus meiner Sicht verkehrt: Die Nutzungsprogramme entstanden erst nach der Entscheidung über eine Architektur. Zum Glück – und auch von uns seit langem propagiert und gelebt – wird nun auch immer öfter

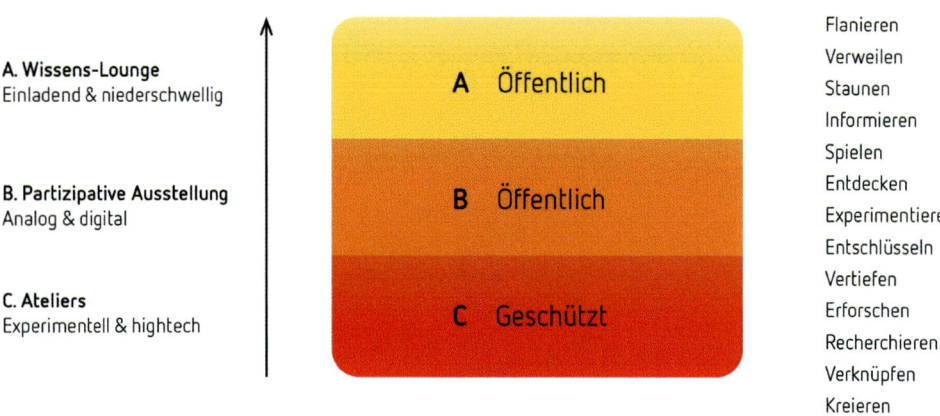

Abb. 6: Erlebnisqualität und Raumabfolge. Grafik: Milla & Partner.

andersherum konzipiert. Es wird stärker von Nutzungsszenarien heraus gedacht und die Betrachtung der erlebbaren Tätigkeiten als Grundlage der Raumabfolgen etabliert.

Ein virtuelles und immersives Archiv

Das Thema *Visualisierung von Daten* ist ein großartiges Thema. Schließlich werden intelligente Games nicht mehr nur von Jugendlichen gespielt, sondern inzwischen von 65 % der Bevölkerung genutzt. Daraus immersive Räume zu entwickeln, die dann in diesem Archiv sicht- und erlebbar werden, kann hoch attraktiv sein. Auch können die Besucher*innen möglicherweise selber Daten, Bilder oder Gedanken einbringen, dadurch den Raum verändern und Teil des Ganzen werden.

Damit sind wir bei einem ganz wichtigen Punkt: Es geht nicht ohne Partizipation! Es ist eine wichtige Aufgabe, dass Menschen sich solche öffentlichen Orte wirklich aneignen können. Zudem erwartet die Generation, die mit Digitalisierung aufgewachsen ist, partizipieren zu können. Sie erwartet, Spuren zu hinterlassen, und verlangt – mehr als frühere Generationen – als Individuum wahrgenommen zu werden. Es gibt dabei einen großen Unterschied zwischen Bibliotheken, Museen und Archiven. Bibliotheken und Museen, die viel mehr in der öffentlichen Aufmerksamkeit stehen, sind monologische Sende-Orte – nicht ohne wichtige didaktische Arbeit. Dennoch sind es Orte, an denen etwas passiv betrachtet, bestaunt oder ausgeliehen wird. In einem Archiv kann sich die Möglichkeit bieten, als Person aktiv angesprochen zu werden, aktiv zu werden, die eigene Geschichte einzubringen und sich selbst an der Erforschung von Geschichte zu beteiligen – um auf diese wie jene Weise am Ende selbst Teil der Geschichte zu werden.

Das Archiv in der Stadt und der Stadtgesellschaft 33

Du bist archivwürdig

Selbstverständlich gibt es auch weitere Anforderungen und Herausforderungen bei der Planung eines öffentlichen Ortes, gerade an der Schnittstelle zwischen den Besucher*innen und den Nutzer*innen, wie Empfang, Recherchemöglichkeiten, Gastronomie oder Toilettenkapazitäten. Wichtiger ist jedoch das Thema – und das ist meine Kernbotschaft: Jeder in der Gesellschaft ist wichtig und jeder soll aufgefordert sein, im Archiv eine persönliche Spur zu hinterlassen: *Auf dich kommt es an, du bist wichtig*. Das führt dann auch automatisch zu einer Wertschätzung der Besuchenden, der Partizipierenden.

Fast alle Menschen tragen bereits ein riesiges digitales Archiv mit sich herum, nämlich das Smartphone. Eine Möglichkeit, diesen immensen Speicher zu nutzen und gleichzeitig die Gesellschaft einzubeziehen, sind vor Ort stattfindende Angebote: Die Sichtung und möglicherweise anschließende Aufnahme des Materials in das Archiv führt zu einer direkten

Abb. 7: Die Faszination eines Archivs wird in immersiven Räumen erlebbar. Aufnahme: Milla & Partner.

Abb. 8: Forschungsstationen zu Highlight-Themen. Aufnahmen: Milla & Partner.

Partizipation der Besuchenden. Damit einhergehend können dann auch Forschungsstationen zu Highlight-Themen aufgebaut oder die Etablierung einer „Bürger-Forschung" vorangetrieben werden. Im Anschluss können die so gewonnenen Ergebnisse auf interaktiven Medientischen präsentiert werden, auf denen digitale Zusatzinformationen zu analogen Originalen und Faksimiles preisgegeben werden.

Culture Hub & digitales Archivlab

Wichtig ist auch, dass ein Archiv nicht „nur" ein Archiv ist. In dem Konzept, welches wir mit Gerald Maier und dessen Team entwickelt haben, soll das Staatsarchiv ein Knotenpunkt – ein Hub – für weitere lokale Einrichtungen (Filmakademie, Stadtbibliothek etc.) werden. Gerade der Medienstandort Ludwigsburg bietet ein riesiges Potenzial. Neben der Entwicklung von Games und Apps werden hier Rohstoffe für Filme hergestellt. Die Verbindung zu einem, diesem, Archiv kann neue Synergien zwischen den Institutionen und so einen Netzwerk-Ort schaffen. In einem digitalen Archivlab wäre es ebenso möglich, sich als Nutzer*in und Besucher*in selbst einzubringen und auf kollaboratives Arbeiten einzulassen.

Damit sind wir beim Raumprogramm angekommen. Als Dritter Ort gedacht, müssen selbstverständlich auch – für Archive noch eher untypische – Räume wie Arbeitsräume angedacht werden. Solche Arbeitsräume oder Werkstätten bieten Raum für die aktive gemeinschaftliche Auseinandersetzung mit Geschichte. Hier kann man sich aber auch als Bürgerwissenschaftler*in in konkrete Projekte einbringen oder einfach Neues ausprobieren. Da Archive aber auch hoch inspirierende Orte sind, gäbe es zudem die Möglichkeit, ein *Artist in Residence Programm* anzubieten, zu dem Künstler*innen, Kreative, Musiker*innen eingeladen werden – um an diesem Ort in einem *gläsernen Atelier* zu arbeiten. Eine Ausstellung der Arbeiten wiederum würde zu einer Erweiterung in den urbanen Raum führen, der natürlich ebenso als gestalterische Aufgabe zu betrachten ist.

Die Zukunft des Lernens zwischen analog und digital

Die Schnittstelle zwischen analog und digital muss auch an diesem Ort möglich gemacht werden. Dafür haben wir uns die Original-Tonbandaufnahmen aus dem Baader-Meinhof-Prozess als Case herausgesucht. Nicht nur die Menschen, die diese Zeit erlebt haben, sondern auch nachfolgende Generationen spüren noch die Schwingungen, die von diesen Aufnahmen ausgehen. Als Forschungsstation in Form von Mixed Reality aufgearbeitet, bei dem das Original oder ein Replikat mit digitalen Informationen interaktiv verbunden wird, kann es viele Interessierte anziehen.

Resümee

Die Stadt und das Archiv können durch die vorgestellten inhaltlichen und gestalterischen Maßnahmen miteinander in eine enge urbane und gesellschaftliche Wechselwirkung geraten. Eine neue Aufenthaltsqualität, niedrigschwellige Angebote sowie ein digitales und analo-

Abb. 9: Analoge Artefakte und digitale Datenvisualisierung am Beispiel der RAF-Prozess-Tonmitschnitte. Aufnahme: Milla & Partner.

ges Besucherzentrum transformieren die Einrichtung zu einem Ort der Begegnung und des Wissens für alle. Dabei ist es wichtig, dass die Bürger*innen ihr Archiv erobern und vor allem partizipativ als Bürger-Wissenschaftler an der Geschichtsschreibung des Landes mitwirken. Und dabei spüren, dass sie Teil dieser Gesellschaft sind und Wertschätzung erfahren.

Wie bereits zu Anfang erwähnt: Archive bewahren Kommunikation. Aber sie haben auch die unbedingte Aufgabe zu kommunizieren – und zwar sehr, sehr intensiv zu kommunizieren. Sicherlich ist es schwierig, den betrieblichen Vorgang des Bewahrens, des Restaurierens, des Forschens in einem sehr öffentlichen Betrieb und die Utopie, die ich hier formuliert habe, zu vereinen. Ich denke aber, die Antwort ist einfach: Das eine weiterhin tun und das andere nicht lassen, sondern es jetzt und unbedingt angehen.

„Archiv für alle". Das Staatsarchiv Wallis auf dem Weg zu einem Dritten Ort

Von Alain Dubois

Im Herbst 2017 widmete das Staatsarchiv Wallis dem Thema *Archive und Gesellschaft* eine Ausstellung und einen Tag der offenen Tür. Dabei ging es nicht nur darum, die soziale und gesellschaftliche Rolle eines Archivs als Garant der Demokratie und der Bürgerrechte in Erinnerung zu rufen, sondern auch zu zeigen, dass sich ein Archiv nicht nur an Forschende, sondern an die gesamte Bevölkerung richtet. Anhand von Beispielen veranschaulichte die Ausstellung die persönliche und kollektive Nutzung sowie die Wiederaneignung der Archive im Alltag.[1] Das Konzept *Archiv für alle* lag dem gesamten Projekt zugrunde und machte ein Element deutlich, für das ich mich während meiner gesamten Laufbahn immer wieder einsetzen werde: das Staatsarchiv Wallis als einen Ort zu gestalten, der einem möglichst breiten Publikum offensteht. Und das Konzept des Dritten Ortes ermöglicht es, dieses Ziel in einigen Aspekten zu konkretisieren.

Das Konzept des Dritten Ortes

Das Konzept des Dritten Ortes wurde in den frühen 1980er-Jahren von Ray Oldenburg geprägt. Oldenburg war Professor für Stadtsoziologie und hat mehrere Bücher über die Bedeutung informeller öffentlicher Versammlungsorte für eine funktionierende Zivilgesellschaft, Demokratie und bürgerschaftliches Engagement veröffentlicht, darunter *The Great Good Place*.[2] Ray Oldenburg zufolge gibt es drei Orte, an denen sich der Lebensalltag abspielt: das Zuhause oder die Wohnung (Erster Ort), den Arbeitsplatz (Zweiter Ort) und den Ort, an dem man andere Menschen trifft und soziale Bindungen pflegt (Dritter Ort). Der Dritte Ort ist ein neutraler, für alle zugänglicher Ort, an dem Gleichheit zwischen den Menschen vorherrscht, unabhängig von ihrem Platz in der Gesellschaft. Das Café stellt den Archetyp des Dritten Ortes dar. Dieses Konzept wurde später auch auf andere Bereiche übertragen, in den angelsächsischen Ländern beispielsweise auch auf Bibliotheken. Diese Idee verbreitete

---

[1] Im Anschluss an das Projekt wurde eine virtuelle Ausstellung erstellt. Sie zeichnet auf einigen Seiten die Themen nach, die der Öffentlichkeit präsentiert wurden: Archive und Forschung, Archive und Gesellschaft, Archive und Kunst. https://archives.expos-virtuelles.ch/de/homepage.html (aufgerufen am 11.07.2022).
[2] Ray *Oldenburg*: The Great Good Place. Cafes, Coffee Shops, Community Centers, Beauty Parlors, General Stores, Bars, Hangouts, and How They Get You Through the Day. New York 1989; *ders*.: The Great Good Place. New York 1991; *ders*.: Celebrating the Third Place. Inspiring Stories about the "Great Good Places" at the Heart of Our Communities. New York 2000.

sich schließlich weltweit, insbesondere in Frankreich, wo Mathilde Servets 2009 erschienene Diplomarbeit *Les bibliothèques troisième lieu* wegweisend wurde.[3]

Die Bibliothek als Dritter Ort fördert Begegnungen, den Austausch und das Teilen. So ist das Bild einer Bibliothek, in der man nur Bücher ausleiht oder lernt, nicht mehr zeitgemäß. Die Bibliothek als Dritter Ort bietet spezielle Räume: Lebensräume zum Reden, Essen und Trinken, ruhigere Räume zum Lesen und Arbeiten und zentrale Anlaufstellen für den Zugang zu verschiedenen Dienstleistungen, die zu erweiterten Öffnungszeiten angeboten werden. Die kulturellen Angebote verändern sich in diesem Kontext. Es werden zum Beispiel kaum noch Vorträge gehalten, sondern vielmehr Workshops unterschiedlichster Art angeboten. Die Bibliothek wird zu einem Ort des Lebens, an dem sich jeder Einzelne verwirklichen kann. Es geht also darum, die Bibliotheken als einen Ort zu gestalten, an dem Menschen soziale Bindungen knüpfen und sich am Zusammenleben beteiligen, an dem sie sich in ihrer Funktion als Bürgerinnen und Bürger weiterentwickeln, sich einbringen und eigene Gedanken entfalten können. Kurzum: Die Bibliothek als Dritter Ort wird als eine Agora, also als eine gesellschaftliche Institution im Sinne eines Forums, verstanden.

„Les Arsenaux": ein Kulturzentrum, das sich am Konzept des Dritten Ortes orientiert

Das im Mai 2016 eröffnete Kulturzentrum *Les Arsenaux* wurde von Anfang an als Dritter Ort konzipiert. Das Zentrum befindet sich in den Gebäuden der ehemaligen kantonalen und eidgenössischen Zeughäuser. Das vorhandene Ensemble wurde dazu durch einen neuen Verbindungstrakt ergänzt, der eine optimale Nutzung der verschiedenen Räumlichkeiten ermöglicht. Die ehemaligen Zeughäuser beherbergen heute das Café-Restaurant *Le Trait d'Union*, die Direktion der Dienststelle für Kultur des Kantons Wallis, die Sektion der Kulturförderung und den Verein Kultur Wallis, aber auch das kantonale Staatsarchiv und die Mediathek Wallis. Letztere gibt sich offen als Dritter Ort zu erkennen. Vincent Luisier, ein Angestellter der Mediathek Wallis, schrieb 2011 im Rahmen seines Zertifikats in Dokumentations- und Bibliotheksmanagement an der Universität Freiburg eine Abschlussarbeit mit dem Titel: *La Médiathèque Valais-Sion en route… vers un troisième lieu (Die Mediathek Wallis-Sitten auf dem Weg… zu einem Dritten Ort)*.[4] Für Vincent Luisier besteht der Dritte Ort, wie er für die Mediathek Wallis angedacht ist, aus drei Bereichen: erstens Informationsbereiche, die entsprechend den Bedürfnissen des Zielpublikums eingerichtet werden müssen, die sowohl vor Ort als auch online denkbar sind und eine vollständige Neugestaltung

---

[3] Mathilde *Servet*: Les bibliothèques troisième lieu (Diplôme de conservateur des bibliothèques. Mémoire d'études). Lyon 2009.

[4] Vincent *Luisier*: La Médiathèque Valais-Sion en route… vers un 3e lieu. Un concept pour des espaces d'information, de formation et de culture (certificat en gestion de documentation et de bibliothèque 2010–2011). Freiburg i. Üe. 2011.

"Archiv für alle". Das Staatsarchiv Wallis auf dem Weg zu einem Dritten Ort

Abb. 1: Außenansicht des Verbindungsgebäudes und des ehemaligen kantonalen und eidgenössischen Zeughauses. Aufnahme: Olivier Maire, photogenic.ch.

Abb. 2: Innenansicht des Verbindungsgebäudes. Aufnahme: Michel Bonvin, Sitten.

Abb. 3: Blick auf den *Trait d'Union* und den der Presse gewidmeten Bereich.
Aufnahme: Jean-Philippe Dubuis.

der Sammlungen erfordern; zweitens Bildungsbereiche, ausgestattet insbesondere für die Besuche von Schulklassen und das lebenslange Lernen, v. a. im Selbststudium; und drittens Kulturräume, die der Kulturvermittlung und der sozialen Mediation gewidmet sind.

Die funktionale Architektur des Kulturzentrums *Les Arsenaux* ist von ihrer ehemaligen militärischen Nutzung bestimmt. In diesem Sinne wurden die verschiedenen Räume so konzipiert, dass man vom Lärm der Diskussionen in die Ruhe des Lernens übergeht, je höher ein Stockwerk liegt.

So befindet sich in der Eingangshalle das Restaurant *Le Trait d'Union,* das von einer gemeinnützigen Organisation betrieben wird, die sich um die Eingliederung und Berufsausbildung von Jugendlichen in schwierigen Lebenslagen kümmert. Die Eingangshalle bietet aber auch Platz für diverse Zeitungen und Zeitschriften sowie eine 200 m² große Ausstellungsfläche. Ein Zwischengeschoss, das die Eingangshalle überbrückt, bietet Zugang zu Selbstlernmitteln. In der Verlängerung der Eingangshalle befindet sich ein Konferenzraum mit 100 Sitzplätzen für Vorträge und Veranstaltungen. Im Dachgeschoss ist ein *Makerspace* eingerichtet, in dem man unter anderem seine Kreationen in 3D ausdrucken kann. Rückblickend kann man heute festhalten, dass sich die ursprünglichen Hoffnungen erfüllt haben. Das Publikum hat sich die Räumlichkeiten zu eigen gemacht: In *Les Arsenaux* mischen sich Kleinkinder, die Märchenlesungen besuchen, junge Gymnasiastinnen und Gymnasiasten, die an Kursen zur bibliografischen Recherche teilnehmen, Künstlerinnen und Künstler, die ihre Projekte vorstellen, und Menschen, die an einem Literaturbrunch oder an Vorträgen teilnehmen. Auf diese Weise haben sich *Les Arsenaux* in wenigen Jahren zu einer echten Kultureinrichtung entwickelt, die von der Öffentlichkeit tatsächlich als Dritter Ort angenommen und genutzt wird. Ein Beweis dafür sind die Besucherzahlen: 2019 besuchten fast 350.000 Personen *Les Arsenaux*, was in etwa der Bevölkerungszahl des Kantons Wallis entspricht. Der Ort strahlt mittlerweile also weit über die Stadt Sitten hinaus und erreicht die gesamte Walliser Bevölkerung.

Als Partner des Kulturzentrums *Les Arsenaux* profitiert das Staatsarchiv Wallis von dessen – an der Idee eines Dritten Ortes ausgerichteten – Infrastruktur. Der Umzug vom alten Standort nach *Les Arsenaux* war in diesem Sinne eine echte Revolution. Das Staatsarchiv verließ die sehr beengten Räumlichkeiten, welche nur einen kleinen Lesesaal beinhalteten, und zog in ein Gebäude, welches für ein breites Publikum bestimmt ist. Und so ist es ganz natürlich, dass das Staatsarchiv Wallis die neuen Räume nutzt, um sein Angebotsspektrum zu erweitern und Produkte und Erzeugnisse anzubieten, die ganz klar dem Konzept des Dritten Ortes zuzuordnen sind. Und dies ohne – das muss unbedingt hervorgehoben werden – seine Grundaufgaben zu vernachlässigen, die der Beratung und Unterstützung bei der Schriftgutverwaltung in Papier- und elektronischer Form sowie der Sammlung und Erhaltung des dokumentarischen Erbes des letzten Jahrtausends gewidmet sind.[5]

Die nächsten Abschnitte bieten einen kurzen Überblick über einige Produkte und Dienstleistungen des Staatsarchivs und sind, basierend auf der Diplomarbeit von Vincent Luisier, in drei Bereiche unterteilt: das Staatsarchiv als Raum für Empfang und Information, als Lernraum und als Raum für Kultur.

Räume für Empfang und Information

Eine Bibliothek als Dritter Ort verlangt eine funktionale Organisation der verschiedenen Räume. In diesem Sinne teilt das Staatsarchiv Wallis seinen Lese- und Studienbereich im zweiten Stock des Gebäudes mit der Walliser Dokumentation der Mediathek Wallis. Somit steht den Besucherinnen und Besuchern ein Raum zur Verfügung, der dem Walliser Dokumentenerbe insgesamt gewidmet ist.[6] Die Idee, die hinter diesem gemeinsamen Nutzungsbereich steht, ist einfach. Nicht die Öffentlichkeit muss sich an die bisweilen komplexe

---

[5] Das Staatsarchiv Wallis führt derzeit insbesondere ein Projekt mit dem Titel *Projekt ECM Services* durch, das darauf abzielt, bis 2025 in der gesamten Walliser Kantonsverwaltung ein elektronisches Records Management-System einzuführen, während die Plattform für die Langzeitarchivierung schrittweise die von den Verwaltungseinheiten des Staates Wallis erzeugten elektronischen Archive aufnimmt. Ein vollständiger Überblick über die Aufgaben, die in den Bereichen Beratung und Unterstützung bei der Schriftgutverwaltung sowie bei der Übernahme und Erhaltung von Archivbeständen durchgeführt wurden, findet sich im Jahresbericht 2022: Alain *Dubois*, Denis *Reynard*, Fabienne *Lutz-Studer*: Rapport annuel AEV 2021. https://www.vs.ch/de/web/culture/rapports-annuels (aufgerufen am 11.07.2022).

[6] Alain *Dubois*: Les Vallesiana, une plateforme des institutions culturelles au service du patrimoine. In: arbido (2017/4). https://arbido.ch/de/ausgaben-artikel/2017/zusammenarbeit/les-vallesiana-une-plateforme-des-institutions-culturelles-au-service-du-patrimoine (aufgerufen am 11.07.2022).

Abb. 4: Blick in den Lesesaal des Staatsarchivs Wallis. Aufnahme: Michel Bonvin, Sitten.

institutionelle Realität anpassen, sondern es sind die Institutionen, die der Öffentlichkeit zuliebe neue Wege gehen und zusammenarbeiten müssen, um gemeinsame kohärente Dienstleistungen anzubieten.

Das Staatsarchiv Wallis bewahrt rund 18,5 Laufkilometer Archivgut, das 1.000 Jahre Geschichte dokumentiert, darunter neben den Beständen des Staates Wallis auch die einiger Walliser Gemeinden und privater natürlicher und juristischer Personen. Was die Mediathek Wallis betrifft, so bewahrt sie nicht nur sehr schöne Sammlungen von Karten, Plänen, Plakaten, kleinen Ephemera, alten Bibliotheken oder der gesamten Walliser Presse auf, sondern auch literarische und musikalische Archivbestände.[7] So schien es im Rahmen des Sanierungsprojekts von *Les Arsenaux* nicht sinnvoll, zwei Empfangsschalter, zwei Beratungsbereiche und zwei Arbeitsbibliotheken zu schaffen. Stattdessen wurden die Kräfte gebündelt durch eine einzige Anlaufstelle, die den Zugang zu dem von beiden Institutionen aufbewahrten dokumentarischen Erbe ermöglicht. Diese Dienstleistungen vor Ort wurden durch ein Online-Angebot erweitert, welches den Zugriff auf eine gemeinsame Suchmaschine mit Kurzbeschreibungen zu den Beständen des Staatsarchivs Wallis, der Mediathek Wallis und der Kantonsmuseen ermöglicht.[8] Des Weiteren entwickelten die drei Institutionen gemeinsam

---

[7] Mediathek Wallis. https://www.mediatheque.ch/de/kulturgut-49.html (aufgerufen am 11.07.2022).
[8] Das digitale Kulturgut des Wallis. https://www.vallesiana.ch/kulturerbe/digitale-kulturgut-wallis-3.html (aufgerufen am 11.07.2022).

"Archiv für alle". Das Staatsarchiv Wallis auf dem Weg zu einem Dritten Ort 43

Abb. 5: Blick auf den Empfangsbereich, der gemeinsam vom Staatsarchiv Wallis und der Walliser Dokumentation der Mediathek Wallis betrieben wird. Aufnahme: Michel Bonvin, Sitten.

thematische Plattformen, die beispielsweise der Walliser Emigration[9] oder der Rhone[10] gewidmet sind. Dahinter steht der Gedanke, für den Kanton Wallis wichtige historische Themen zu präsentieren und gleichzeitig die von diesen kulturellen Institutionen aufbewahrten Bestände und Sammlungen zur Geltung zu bringen. Diese verstärkte Zusammenarbeit ist erst recht deshalb sinnvoll, weil die drei Institutionen allesamt der gemeinsamen Dienststelle für Kultur des Kantons Wallis unterstellt sind.

---

[9] Die in Zusammenarbeit mit dem Verein *Walliser in aller Welt / Valaisans du monde* erstellte Plattform *Emigration Valais* verfolgt das Ziel, die im Kanton Wallis verbliebenen Walliser mit jenen zusammenzubringen, die in die ganze Welt ausgewandert sind. Neben einer Suchmaschine, die diesem Thema gewidmet ist, bietet die Plattform eine kurze Geschichte der drei Arten von Auswanderung, die das Wallis erlebt hat (Fremde Dienste, Siedlungsauswanderung und Auswanderung aus religiösen Gründen), virtuelle Ausstellungen und eine interaktive Karte, die es ermöglicht, sich zu geolokalisieren. https://www.emigration-valais.ch//de/plattform-auswanderung-wallis-3.html (aufgerufen am 11.07.2022).

[10] Die in Zusammenarbeit mit dem Verein *Mémoires du Rhône* erarbeitete Rhone-Plattform hat insbesondere das Ziel, die Geschichte dieses Alpenflusses oberhalb des Genfer Sees besser nachzuvollziehen. Neben einer Suchmaschine, die diesem Thema gewidmet ist, bietet sie auch virtuelle Ausstellungen und eine Auswahl an alten Karten der Rhone-Ebene. https://www.plattform-rhone.ch (aufgerufen am 11.07.2022).

Lernräume

Die Archivpädagogik gehört ganz klar zu einem archivischen Dritten Ort dazu. In diesem Sinne empfängt das Staatsarchiv Wallis seit fast zehn Jahren die Lateinklassen des *Lycée-Collège des Creusets* in Sitten. Während des Besuchs im Staatsarchiv entdecken die Schülerinnen und Schüler im ersten Jahr des Gymnasiums, dass die lateinische Sprache mit dem Untergang des Weströmischen Reiches im Jahr 476 nicht verschwand, sondern dass sie im Wallis noch fast 1.400 Jahre lang für Rechtsgeschäfte (insbesondere für notarielle Urkunden) verwendet wurde. Ziel ist es zudem, die Schülerinnen und Schüler anhand des Studiums von archivischen Quellen für die Geschichte ihres Kantons zu sensibilisieren. Der Workshop im dritten Jahr befasst sich mit dem Lesen und Übersetzen von Texten aus dem späten 15. Jahrhundert, die sich mit Hexerei befassen. Das Atelier im fünften Jahr widmet sich schließlich der vollständigen Edition von Korrespondenzen aus dem 16. Jahrhundert, die zwischen mehreren hochrangigen Walliser Persönlichkeiten, darunter Kardinal Matthäus Schiner, und verschiedenen europäischen Herrschern, z. B. Kaiser Karl V. und dem englischen König Heinrich VIII., ausgetauscht wurden. Die Schülerinnen und Schüler transkribieren die Texte, übersetzen sie ins Französische und kommentieren sie. Ziel ist es, ihnen zu zeigen, dass die Texte der lateinischen Autoren, die sie in einer zeitgenössischen Ausgabe lesen, die Ergebnisse einer sehr langen Editionsarbeit sind. Das Staatsarchiv Wallis baut seinerseits nach und nach einen Korpus von edierten Quellen auf.

Das Staatsarchiv Wallis befasste sich in den letzten Jahren zudem verstärkt mit der Entwicklung von virtuellen Produkten, die der historischen Grundbildung der Bevölkerung dienen sollen. Im Rahmen des zweihundertjährigen Jubiläums des Beitritts des Wallis zur Schweizerischen Eidgenossenschaft hat das Staatsarchiv im Jahr 2015 zusammen mit einer Historikerin und einem auf Selbstlerninstrumente spezialisierten Unternehmen Online-Module zur Geschichte des Wallis vom Ende der Antike bis heute entwickelt, die auf dem Westschweizer Lehrplan der Stufen 7H und 8H (Altersgruppe: 11–12 Jahre) basieren.[11] Die Schülerinnen und Schüler sollen darüber nicht nur die reiche Geschichte des Kantons Wallis entdecken, eines Gebiets im Herzen der Alpen, das in engem Kontakt mit seinen nördlichen und südlichen Nachbarn steht, sondern auch Archivdokumente zu zentralen Ereignissen und Entwicklungen, die das Wallis zu dem gemacht haben, was es heute ist, kennenlernen. Die Module, die Einzel- und Gruppenarbeit kombinieren, werden durch die Beantwortung von Quizfragen validiert. Jeder Teilnehmende verfügt somit über eine persönliche Betreuung, die es ihm ermöglicht, in seinem eigenen Lerntempo voranzukommen.

Das Staatsarchiv Wallis hat zudem kürzlich mit zwei Lehrpersonen einer Orientierungsschule zusammengearbeitet, um sechs Module zur Walliser Geschichte mit dem Titel *En*

---

[11] Staatsarchiv Wallis: Geschichte des Wallis. https://archives.mobiletic.com/ (aufgerufen am 11.07.2022).

"Archiv für alle". Das Staatsarchiv Wallis auf dem Weg zu einem Dritten Ort 45

Abb. 6: Instagram-Profil von *Bonne de Bourbon*, Gräfin von Savoyen.
Vorlage: https://valais14.vallesiana.ch/ (aufgerufen am 11.07.2022).

toutes franchises. Im Herzen des Wallis des XIV. Jahrhunderts zu entwickeln.[12] Diese Schülermodule zielen darauf ab, die Epoche, die von der Präsenz der Savoyer auf Walliser Gebiet geprägt war, besser kennenzulernen. Das Programm führt mit spielerischen Mitteln in die Materie ein – etwa mit einem Instagram-Profil der Gräfin Bonne de Bourbon – oder mit einer *ScopeQuery-Challenge*, bei der es darum geht, in den Online-Inventaren des Staatsarchivs Wallis typische Speisen, Getränke oder Tiere aus dieser Zeit zu finden. Eine sehr originelle Art, eine komplexe Materie zu entdecken, die es den Schülerinnen und Schülern ermöglicht, sich ihre eigene Geschichte und die Welt der Archive auf spielerische Weise anzueignen.

Manchmal kann die archivische Bildungsarbeit auch ein breiteres Publikum erreichen. So hat das Staatsarchiv Wallis im Jahr 2020 zusammen mit dem *Centre interdisciplinaire de re-*

---

[12] En toutes franchises: au cœur du Valais du XIVe siècle. 2021. https://valais14.vallesiana.ch/ (aufgerufen am 11.07.2022). Zu diesem Punkt verweisen wir auf Nadia *Revaz*: Séquence d'histoire valaisanne: voyage dans le Valais médiéval pour les 9CO. 2021. https://www.resonances-vs.ch/index.php/fr/articles/pistes/393 (aufgerufen am 11.07.2022).

cherche sur la montagne der Universität Lausanne und verschiedenen Partnern eine Ausstellung zum 75. Jahrestag des letzten großen Erdbebens im Wallis mit dem Titel *Die Erdbeben von 1946. Erinnerung und Vorbereitung auf das nächste Erdbeben im Wallis*[13] realisiert. Die Ausstellung sollte nicht nur an die Folgen der Erdbeben von 1946 erinnern, sondern die Walliser Bevölkerung vor allem über das richtige Verhalten im Falle des nächsten Erdbebens, das im Durchschnitt alle 100 Jahre vorkommt, informieren. Die Ausstellung wurde an verschiedenen Kulturorten gezeigt, darunter Ende 2021 in *Les Arsenaux* und während des Schuljahres 2021–2022 in allen Orientierungsschulen im Wallis. Und für das Staatsarchiv des Kantons Wallis war es eine Gelegenheit, an Ausbildungs- und Informationsaktivitäten teilzunehmen.

Räume für Kultur

Die bedeutendsten Auswirkungen hatte der Umzug des Staatsarchivs in das Gebäude *Les Arsenaux* im Bereich der Kulturvermittlung. Im Folgenden werden Projekte vorgestellt, welche diese Entwicklungen veranschaulichen.

Anfang Oktober 2020, kurz vor Beginn der zweiten Welle von COVID-19, lancierte das Staatsarchiv Wallis in Zusammenarbeit mit dem Tourismusbüro Sitten ein neues Produkt: eine Führung durch die Depots des Staatsarchivs mit einer Präsentation von dreizehn Archivschätzen.[14] Die Führung ist für maximal 15 Personen ausgelegt, um die Sicherheit des Publikums und der Archivbestände zu gewährleisten. Das Prinzip ist einfach: Ein Archivar empfängt die Gruppe, stellt kurz die Aufgaben des Staatsarchivs Wallis und die Geschichte des Ortes vor, an dem sich die neuen Magazine befinden (an der Stelle der ältesten menschlichen Siedlung in Sitten aus dem Jahr 5500 v. Chr.), und übergibt dann das Wort an einen Kulturerbeführer, der dreizehn emblematische Dokumente aus der Zeit von 1005 bis heute präsentiert. Das Ganze erfordert ein gewisses Loslassen, da es nicht der Archivar ist, der die Dokumente, die seine Institution aufbewahrt, präsentiert, sondern der Kulturerbeführer. Dieser wurde natürlich vorher geschult, und der Archivar kann bei Bedarf eventuelle Fragen der Besucher beantworten. Durch diese Vorgehensweise aber entstehen sehr abwechslungsreiche Präsentationen, die Elemente einbeziehen, an die Archivare nicht unbedingt denken – denn die Kulturerbeführerinnen und -führer haben einen ganz anderen Blick auf die Welt der Archive und auf die verschiedenen Dokumente. Dadurch aber werden die Archive in gewisser Weise zu einem touristischen Produkt, welches ein Publikum anspricht, das sich zwar für das Kulturerbe interessiert, aber nicht unbedingt Archive besucht. Auch wenn es aufgrund der Coronavirus-Pandemie zum jetzigen Zeitpunkt kaum möglich ist, eine Bilanz zu ziehen, kann man heute feststellen, dass die letzten Führungen durch das

---

[13] Centre interdisciplinaire de recherche sur la montagne: Die Erdbeben von 1946. 2021. https://wp.unil.ch/seisme1946/exposition/?lang=de (aufgerufen am 11.07.2022).

[14] Sion Tourisme: Geführte Besichtigung. Staatsarchiv Wallis. 2022. https://siontourisme.ch/de/die-schaetze-des-wallis (aufgerufen am 11.07.2022).

"Archiv für alle". Das Staatsarchiv Wallis auf dem Weg zu einem Dritten Ort   47

Abb. 7: Plakat der Führung *Die Schätze des Wallis*. Vorlage: Tourismusbüro Sitten.

Archiv (welche im März 2022 wiederaufgenommen wurden) ein Publikum angezogen haben, welches das Staatsarchiv Wallis noch nie zuvor besucht hatte. Die Besucherinnen und Besucher kommen während dieser exklusiven Führung mit Dokumenten in Berührung, die von Ludwig XIV. oder Napoleon unterzeichnet sind. Bei dieser Entdeckungsreise handelt es sich zweifellos um eine prägende Erfahrung und einen einzigartigen Moment, der – wie mir berichtet wurde – einen bleibenden Eindruck hinterlässt.

Auch das Staatsarchiv Wallis nutzt die in der Eingangshalle vorgesehene Ausstellungsfläche. Im Rahmen der Ausstellung *Lang sollen Sie leben!*, welche sich im Frühjahr 2022 mit dem Thema *Archive und Nachhaltigkeit* befasste, wurde unter anderem ein *Archivlabor* angeboten. An vier Nachmittagen (zwischen Ende März und Anfang Juni) wurde die gesamte physische und intellektuelle Erschließung eines Archivbestands von seiner Ankunft im Staatsarchiv Wallis bis zur Veröffentlichung des Online-Inventars vorgestellt. So erhielt das Publikum einen konkreten Einblick in die Arbeit der Archivare und konnte alle Fra-

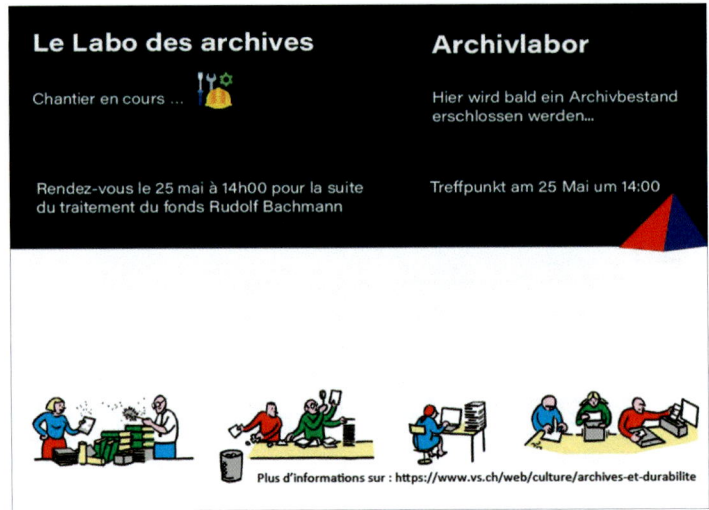

Abb. 8: Das Poster stellt das Archivlabor vor. Grafik: Matthieu Berthod, Sitten.

gen stellen, die es zu diesen Themen hatte. Der Tag der offenen Tür, der am 11. Juni 2022 stattfand, führte noch einen Schritt weiter, da die Öffentlichkeit nun bei der Reinigung alter Dokumente mithelfen konnte. Unter der Anleitung einer Expertin für die Erhaltung schriftlicher Kulturgüter durfte das Publikum diese wichtige Arbeit selbst ausprobieren.

Das Staatsarchiv Wallis präsentierte Ende 2022 eine neue Ausstellung im Eingangsbereich des Kulturzentrums *Les Arsenaux* rund um das Manuskript der *Sechs Weltalter*.[15] Dieses acht Meter lange Manuskript wurde Ende des 14. Jahrhunderts in Paris angefertigt und in der Bibliothek Supersaxo in Sitten aufbewahrt. Es umfasst 36 Zeichnungen und eine verzierte Wurzel Jesse. Das Manuskript beschreibt die Geschichte der Welt von ihrer Erschaffung bis zur Kreuzigung Christi und vermischt dabei die biblische und antike Geschichte. Das Projekt soll zum einen zu einer wissenschaftlichen Publikation des Textes inklusive einer Online-Ausgabe führen, die sich auf Videoausschnitte stützt. Auf der anderen Seite wird ein interaktives Spiel entwickelt, das einen Spaziergang durch die Stadt Sitten mit virtueller und erweiterter Realität verbindet. Das Manuskript der *Sechs Weltalter* diente nämlich als Vorlage für die Gestaltung einer Decke im Haus Supersaxo. Das auf einem Psychothriller basierende Spiel beginnt mit dem Mord an einem Handwerker, der auf dieser Baustelle gearbeitet hatte. Die Teilnehmenden müssen den Fall lösen, indem sie in der realen und virtuellen Welt nach Hinweisen suchen. Dieser echte *4D-Cold Case* bietet den Anwesenden

---

[15] Das vollständig digitalisierte Manuskript ist online auf der Plattform e-codices verfügbar, der virtuellen Bibliothek der Manuskripte in der Schweiz. Noémie Escher: Staatsarchiv Wallis: Sechs Weltalter. 2017. https://www.e-codices.unifr.ch/de/searchresult/list/one/aev/S-0109 (aufgerufen am 11.07.2022).

"Archiv für alle". Das Staatsarchiv Wallis auf dem Weg zu einem Dritten Ort 49

Abb. 9: Ansicht des Manuskripts der *Sechs Weltalter* (StAW, S. 109).
Vorlage: http://www.e-codices.ch/fr/aev/S-0109/bindingK/0 (aufgerufen am 11.07.2022).

eine spielerische Erfahrung, bei der sie auf Grundlage von Dokumenten, die im Staatsarchiv Wallis aufbewahrt sind, etwas über die Walliser Geschichte des späten 15. Jahrhunderts und des frühen 16. Jahrhunderts erfahren.

Die Kulturvermittlung des Staatsarchiv Wallis findet also nicht nur innerhalb der ehemaligen Zeughäuser *Les Arsenaux* statt. So arbeitet das Staatsarchiv beispielsweise auch seit mehreren Jahren mit dem Korrespondenzfestival *Lettres de soie* zusammen, das jedes Jahr im Oktober in Mase, einem Dorf auf 1.300 Metern Höhe, stattfindet.[16] Im Rahmen des Festivals ist das Staatsarchiv damit beauftragt, Korrespondenzen zu bestimmten Themen auszuwählen und Schriftstellerinnen und Schriftstellern sowie dem Publikum zur Verfügung zu stellen, die sie aufgreifen, um sich eine Fortsetzung der Geschichte auszudenken. Dies ist eine originelle Art, diese alten Briefe, darunter auch Liebesbriefe, wieder aufleben zu lassen und Vergangenheit und Gegenwart miteinander zu verbinden. Die Ergebnisse sind

---

[16] Festival de la correspondance Mase: Lettres de soie. https://www.lettresdesoie.com (aufgerufen am 11.07.2022).

Abb. 10: Mase, Dorf der Korrespondenz. Aufnahme: Alain Dubois.

immer rührend und machen deutlich, dass menschliche Gefühle über Jahrhunderte hinweg ihre Wirkung entfalten können. Es handelt sich um eine starke Erfahrung, die es ermöglicht, sich Episoden aus dem Leben der Vergangenheit anzueignen. Das Projekt 2022–2023 mit dem Titel *Lettres de l'île flottante*, das im Rahmen eines Ateliers teilweise vom Staatsarchiv Wallis finanziert wurde, ist meiner Meinung nach von noch größerer Bedeutung, da es Briefwechsel von minderjährigen und unbegleiteten Flüchtlingen der Gegenwart und Briefe von Walliser Emigrantinnen und Emigranten vergangener Zeiten zusammenbringt.[17] Das Staatsarchiv Wallis bewahrt nämlich in seinen Archivbeständen Korrespondenzen der aus dem Dorf Charrat stammenden Familie Magnin auf, die 1889 nach Wisconsin auswanderte.[18] Zu den überlieferten Briefen gehört auch der des jungen Louis Magnin, der unter anderem die Bedingungen der Abreise und die transatlantische Überfahrt beschreibt. Da die jungen Flüchtlinge von heute Französisch sprachen, konnten sie all diese Briefe lesen. Auf dieser Grundlage konnten sie ihre schwierige Reise aus Afghanistan, Syrien oder Eritrea in die Schweiz in Worte fassen und die Ähnlichkeiten, aber vor allem auch die Unterschiede zwischen der Auswanderung im 19. Jahrhundert und der heutigen Auswanderung erkennen. Und eines ist sicher: Alle Betreuenden betonten die kathartische Rolle des Schreibens,

---

[17] Festival de la correspondance Mase: Lettres de l'île flottante. https://www.lettresdesoie.com/résidenceburland (aufgerufen am 11.07.2022).

[18] Staatsarchiv Wallis: ScopeQuery. CH AEV, Mettaz, 2013/27, 2 Transcription de lettres d'émigrés valaisans aux Etats-Unis (St. James, Rolla, Missouri), avec traductions en anglais: La majorité des lettres proviennent de différents membres de la famille Magnin de Charrat, émigrée aux Etats-Unis en 1886 (Louis Magnin, Emile Magnin, Rosine Magnin).
https://scopequery.vs.ch/archivplansuche.aspx?ID=297178 (aufgerufen am 11.07.2022).

welche es den Jugendlichen ermöglichte, über ihren gefährlichen und steinigen Weg zu berichten; eine Schreibarbeit, die es einigen Jugendlichen erlaubt hat, sich von einer immensen Last zu befreien.

Das Staatsarchiv Wallis: ein Archiv als Dritter Ort?

Das im Kulturzentrum *Les Arsenaux* untergebrachte Staatsarchiv Wallis, das sich seit dem Einzug in das Zentrum offen als Dritter Ort bezeichnet, wurde in den letzten Jahren – auch und besonders auf Wunsch der Direktion – ganz stark von der Vision inspiriert, ein breiteres Publikum als die traditionellen Berufs- und Hobbyforschenden oder die sich in Ausbildung befindenden Wissenschaftlerinnen und Wissenschaftler anzusprechen. Das Staatsarchiv verfolgt mit dieser Vision eines *Archivs für alle* vor allem das Ziel, es der Walliser Bevölkerung zu ermöglichen, sich ihre eigene Vergangenheit besser anzueignen und die Ereignisse, Entwicklungen und Personen zu entdecken, die das Wallis zu dem gemacht haben, was es heute ist. Dazu sollen die Besucherinnen und Besucher die Räumlichkeiten von *Les Arsenaux* nutzen, sollen Partnerschaften mit externen wissenschaftlichen und kulturellen Akteuren eingehen, eine breite Palette der Informations- und Kommunikationstechnologien nutzen und auch auf soziale Netzwerke zurückgreifen können.[19] Dazu werden analoge und virtuelle Angebote miteinander verknüpft, um möglichst alle Bedürfnisse und Bereiche abzudecken.

Ist das Staatsarchiv Wallis also ein Archiv des Dritten Ortes? Aus meiner Sicht ist das Staatsarchiv auf gutem Weg dahin, da es Produkte und Dienstleistungen für Information, Bildung und kulturelle und soziale Vermittlung anbietet, die klar den Kriterien des Dritten Ortes entsprechen: ein Ort, der die Aneignung des dokumentarischen Erbes erlaubt, ein Ort, der eine bessere Kenntnis der Walliser Geschichte ermöglicht, ein Ort, der Experimente fördert, ein Ort, der zum Austausch und zum Teilen anregt. Dennoch scheint der Wandel zu einem Dritten Ort angesichts der noch ausbaufähigen sozialen und gesellschaftlichen Rolle der Archive noch unvollendet und bedarf weiterhin einer kontinuierlichen Entwicklung. In diesem Sinne könnte das Staatsarchiv an Bedeutung gewinnen, wenn es mit der Gesellschaft über die Lösungen, welche Archive im Kampf gegen *Fake News* von gestern und heute oder zur langfristigen Bewahrung eines noch sehr wenig nachhaltigen digitalen Gedächtnisses bieten können, besser ins Gespräch kommen würde.

Auf jeden Fall scheint mir wichtig hervorzuheben, dass die verschiedenen hier erwähnten Projekte eindeutig dazu beigetragen haben, die Sichtbarkeit des Staatsarchivs Wallis in der Walliser Bevölkerung zu erhöhen. So scheint es nicht übertrieben zu behaupten, dass inzwischen ein Großteil der Walliser Bevölkerung um die Existenz des Staatsarchivs Wallis weiß. Denn es ist dank der genannten Projekte gelungen, das Image des Archivs und

---

[19] Das Staatsarchiv Wallis ist auf den beiden wichtigsten sozialen Netzwerken präsent, die für die Kulturvermittlung genutzt werden: Facebook (https://fr-fr.facebook.com/archivVS/) und Instagram (https://www.instagram.com/archivvs/).

der Archivare zu entstauben und die Aufmerksamkeit der Medien auf die Reichtümer des dokumentarischen Erbes zu lenken. Dieses positive Image brachte auch neue und deutlich mehr Menschen als früher in unseren Lese- und Konsultationsraum. Während vor zehn Jahren jährlich im Schnitt 500 Nutzerinnen und Nutzer das Archiv besuchten, ist die Zahl mittlerweile auf 2.500 gestiegen. Parallel dazu nahm die Zahl der angebotenen Schenkungen von Sammlungsbeständen deutlich zu. Der fast systematische Zusammenhang zwischen der Zunahme von Schenkungen und unseren Bemühungen, das Archiv und die Gesellschaft zusammenzubringen, überrascht mich immer wieder.

Am Ende meines Beitrags scheint es mir besonders wichtig zu betonen, dass der Anspruch, ein Archiv ganz oder teilweise als Dritten Ort zu gestalten, eine Ergänzung zu den grundlegenden Aufgaben des Archivars sein sollte. So sollte sich ein Archiv des Dritten Ortes nicht auf Kosten der archivischen Kernaufgaben entfalten. Ebenso setzt das Ziel, ein Archiv des Dritten Ortes zu sein, voraus, dass das Archiv über die dafür nötigen personellen und finanziellen Ressourcen verfügt oder diese zumindest parallel zu der geplanten Entwicklung generieren kann. Insofern müssen beispielsweise Personen eingestellt werden, welche dem Profil eines Kulturvermittlers oder Spezialisten für neue digitale Technologien entsprechen. Schließlich bedeutet der Anspruch, ein Archiv des Dritten Ortes zu sein, immer auch, Ressourcen und Zeit für die Berufs- und Amateurforschende oder für Forschende in Ausbildung bereitzustellen, die unsere Archive besuchen. Nur so kann sich das Staatsarchiv wirklich an alle wenden und jedem die Möglichkeit geben, sich die Welt der Archive entsprechend seinen Interessen, Wünschen und Neigungen anzueignen. Nur so kann ein Archiv, welches die Vergangenheit mit der Gegenwart verbindet, soziale Bindungen schaffen und sich endlich voll und ganz einen Platz im Herzen der Stadt bzw. Bevölkerung der jeweiligen Region schaffen – und nicht nur am Rande, wie man manchmal zu denken geneigt ist.

Abschließend möchte ich Marie-France Bisbrouck zitieren, eine der Persönlichkeiten, die sich in Frankreich für Bibliotheken als Dritte Orte eingesetzt hat:

Die Bibliotheken befinden sich heute wie nie zuvor in einem Wettlauf mit der Entwicklung: Entwicklung ihres Publikums, ihrer Sammlungen, ihrer Dienstleistungen, ihrer Räume. Von brav sitzenden Lesern zu partizipierenden Öffentlichkeiten, von technologischen Neuerungen zu neuen Vermittlungsformen, von Umgestaltungen zu Neubauten oder Umstrukturierungen, die Bibliotheken versuchen hartnäckig, sich wie Lebewesen anzupassen – danke Darwin – und sich in ihrer Zeit zu verankern.[20]

Ich denke, wir könnten uns dieses Zitat durchaus zu eigen machen, indem wir Bibliothek durch Archiv ersetzen. Das wäre doch ein tolles, ehrgeiziges Programm. Oder etwa nicht?

---

[20] Zitiert nach *Luisier*, wie Anm. 4, S. 2.

Als Archiv in der „DialogCity". Digitalladen und digitales Stadtlabor als analog-digitale „Schnittstellen" des Stadt- und Stiftsarchivs Aschaffenburg

Von JOACHIM KEMPER

Das Bestreben, Partizipation, Offenheit und Transparenz zu ermöglichen, ist elementar, wenn es um die aktuelle Arbeit, Weiterentwicklung und gesellschaftliche Zukunftsfähigkeit der Archive in Deutschland geht. Dies gilt insbesondere vor dem Hintergrund der digitalen Transformation. Im vorliegenden Beitrag wird als Praxisbeispiel die digitale Strategie des Aschaffenburger Stadt- und Stiftsarchivs im Zentrum stehen. Der Fokus liegt dabei aber weder auf dem Feld der digitalen Verfügbarmachung von Archivalien und Beständen, noch auf demjenigen der digitalen Langzeitarchivierung.[1] Der Beitrag konzentriert sich vielmehr ganz auf die digital-partizipativen Ansätze, die in Aschaffenburg seit einigen Jahren systematisch auf- und ausgebaut werden: Wie positioniert sich ein kommunales Archiv hinsichtlich der Digitalisierung der eigenen Stadt? Wie kann eine innovative und gleichzeitig niedrigschwellige digitale *Offenheit* für die gesamte Stadtgesellschaft durch das Archiv als *Gedächtnis der Stadt* mitgestaltet werden? Welche Rolle spielen hierbei Fragestellungen der Stadtgeschichte und der partizipativen Erinnerungskultur? Und wie können sich Bürger*innen aktiv daran beteiligen?

Der Aschaffenburger Digitalladen

Das dialogbasierte Leitbild der Digitalisierung der Stadt Aschaffenburg und mithin auch des Archivs verfügt über analoge wie digitale Zugänge. Der Digitalladen in der Aschaffenburger Innenstadt kann hierfür sinnbildlich stehen. Er befindet sich seit dem Frühjahr 2021 in einem der belebteren Bereiche der Innenstadt bzw. Fußgängerzone, gleichzeitig in fußläufiger Nähe zu Rathaus wie Archiv. Die Schaufenstergestaltung des Digitalladens weist deutlich auf das ihm zugrundeliegende digitale Vorhaben hin, das digitale Stadtlabor Aschaffenburg 2.0.

Aber werfen wir zuerst einen Blick in den Laden selbst: Dieser besteht im Erdgeschoss aus zwei Teilbereichen. Im vorderen finden sich ein Empfangsbereich mit Theke, Schließ-

---

[1] In beiden Fällen gäbe es auch aus Aschaffenburg durchaus Berichtenswertes. Zum verwandten Thema Webseitenarchivierung aus Aschaffenburger Sicht: Johannes *Schuck:* Schritt für Schritt auf neuen digitalen Wegen. Webseiten- und Social-Media-Kanal-Archivierung im Stadt- und Stiftsarchiv Aschaffenburg. In: Archivpflege in Westfalen-Lippe 96 (2022) S. 17–20.

Abb. 1: Der Digitalladen, 2021. Aufnahme: Till Benzin.

fächern und kleiner Garderobe, eine Sitzgruppe für Gespräche und weitere Sitzmöglichkeiten um einen großen Tisch herum; der Tisch dient unter anderem für die Aufnahme von Podcast-Formaten, die im Digitalladen von Beginn an aufgezeichnet werden – hierzu unten mehr. Zur weiteren Ausstattung zählen auch ein digitales Whiteboard, eine mobile Scanvorrichtung (*Scantent*) sowie ein großformatiger Bildschirm für das Schaufenster.[2]

Auf den ersten Blick wird man erkennen: Der Laden mit seiner Empfangssituation soll keinen verwaltungstypischen Eindruck vermitteln, sondern einladend wirken. Auch typische Hürden, wie sie leicht bei einer Archivnutzung entstehen können, oder gar der Eindruck eines *Elfenbeinturms*, in dem die (all)wissenden Archivar*innen die *Laien* von außerhalb empfangen, sollen minimiert werden – und in der Tat ist die einfache und unkomplizierte Möglichkeit der Begegnung und des Gesprächs etwas, was dem Digitalladen-Team immer wieder positiv zurückgemeldet wird. Die Besucher*innen lernen in einer lockeren Atmo-

---

[2] Über den Bildschirm laufen tagsüber in Dauerschleife digitalisierte historische Filmaufnahmen des Aschaffenburger Film- und Kinopioniers Fritz Rüth, die auch im Videokanal der Stadt abrufbar sind und dort zu zahlreichen Abrufen geführt haben (Siebenmal Stadtgeschichte im Film: Aschaffenburg um 1912 bzw. 1927. https://youtu.be/36VH3h_NMOQ, aufgerufen am 5.7.2022); zu den Hintergründen siehe Heike *Görgen*: Der Aschaffenburger Filmpionier Friedrich Ludwig Rüth (1871–1952) und seine wiederentdeckten Filme. Zum 150. Geburtstag 2021 und 70. Todestag 2022. In: Mitteilungen aus dem Stadt- und Stiftsarchiv Aschaffenburg 15 (2022) S. 107–120.

Als Archiv in der „DialogCity" 55

Abb. 2: Vorderer Bereich Digitalladen (Meeting 1 Jahr Digitalladen, April 2022, mit Oberbürgermeister Jürgen Herzing). Aufnahme: Thomas Rehbein.

sphäre, bei einer Tasse Kaffee, die Tätigkeit des Digitalladens kennen und erfahren, wie sie selbst zur digitalen Geschichtsvermittlung und -kultur beitragen können. Mitarbeiter*innen des Stadt- und Stiftsarchivs bieten ihnen freundliche Beratung vor Ort und unterstützen sie bei der Überwindung technischer und anderer Herausforderungen.

Durch eine Glasfront vom Vorderbereich getrennt, befindet sich im hinteren Teil des Digitalladens ein größerer Besprechungsraum mit ergänzenden Arbeitsplätzen sowie einem Aufgang in das Obergeschoss. Der Besprechungsraum ist ebenfalls gut mit digitalen Hilfsmitteln ausgestattet (digitales Whiteboard, 3D-Drucker u. a.). Hier, wie auch im vorderen Bereich sowie im Obergeschoss des Digitalladens ist ein Teil der Wände magnetisch hinterlegt (Pinnwandfunktion). Beim Blick auf das Equipment zeigt sich, dass das Digitalladen-Team auch in die Lage versetzt werden soll, *aus dem Laden* zu den Menschen zu gehen: Eine Tonanlage, Leinwand, Beamer sowie großformatige Roll-ups und ein Messestand sind ebenfalls verfügbar. Alles ist für den mobilen Einsatz gerüstet und leicht transportabel. Der Besprechungsraum ist aber nicht nur für interne Mitarbeiter*innen-Gespräche gedacht. Hier finden Workshops und Arbeitstreffen von Vereinen und Initiativen, die sich für die Stadtgeschichte und -kultur engagieren, statt. Auch die öffentliche Präsentation neuer Pro-

Abb. 3: Vorderer Bereich Digitalladen (Meeting 1 Jahr Digitalladen, April 2022). Aufnahme: Thomas Rehbein.

jekte vor den Medien erfolgt unter anderem im Besprechungsraum. So wird der Digitalladen zu einer Schnittstelle des analogen und digitalen Zusammenarbeitens. Verschiedene Akteur*innen, ob Einzelpersonen oder Gruppen, lernen sich hier kennen und entwickeln gemeinsame Projekte.

Im Obergeschoss des Digitalladens schließlich befindet sich ein Großraumbüro des Amtes für IT und Digitalstrategie der Stadt Aschaffenburg – gemeinsam mit dem Stadt- und Stiftsarchiv ist dieses Amt letztlich auch Träger des Digitalladens. Den Mitarbeiter*innen stehen einige Arbeitsplätze zur Verfügung. Die tägliche Zusammenarbeit und der Austausch mit Mitarbeiter*innen des Archivs, die unten im Empfangs- oder Besprechungsraum sitzen, lassen neue Projektideen entstehen und führen dazu, dass Aktivitäten gebündelt werden.

Beide Ämter sind seit dem Jahr 2020 innerhalb eines gemeinsamen städtischen Referats zusammengefasst (Leitung: Bürgermeister und Digitalreferent Eric Leiderer), zu dem noch das Amt für zentrale Dienste gehört. Der Hintergrund dieser Zuordnung des Archivs, das bis dato im Kulturreferat ressortiert hatte, besteht in den ämterübergreifenden Aufgaben der beteiligten Ämter. Im Fall des Archivs kam sicherlich auch dessen Rolle als ein digitaler Motor der Stadtverwaltung hinzu. Das Amt für IT und Digitalstrategie (im folgenden

Abb. 4: „Dialog City Aschaffenburg", Graphic Recording, 2021. Grafik: Ulrike Mahr.

Text kurz: Digitalamt) und das Stadt- und Stiftsarchiv haben dabei von Beginn an agil und ämterübergreifend zusammengearbeitet, bei der Entwicklung von Projekten und Anträgen genauso wie bei der Durchführung und Konzeption von Veranstaltungen.

Hierbei ist auch das digitale Leitbild der Stadt als *Dialog City* weiterentwickelt worden (Wortbestandteile sind: *dig*ital, an*alog*, *Dialog*): Die digitale Transformation der Stadt ist danach in erster Linie keine Frage der Technik, sondern eine Frage der Menschen, insbesondere der digitalen *Mitnahme* der knapp 71.000 Aschaffenburger*innen. Aschaffenburg sieht seine Bevölkerung als Mitgestalter*innen der eigenen digitalen Zukunft. Und diese kann und soll eben auch *vor Ort* (analog) vermittelt und erklärt werden. Ein gutes Beispiel bezüglich dieses Konzepts wird in den nächsten Jahren die sogenannte *Digitale Manufaktur* sein. Es handelt sich dabei um ein Beteiligungsvorhaben mit KI-Komponenten, das aber auch über eine analoge Anlaufstelle (im Digitalladen) verankert sein wird. Die Antragstellung im Programm *Kommunal? Digital!* (Bayerisches Staatsministerium für Digitales) war in Kooperation zwischen dem Digitalamt und dem Archiv erfolgt.[3]

Vom digitalen Stadtlabor Aschaffenburg 2.0 zum Digitalladen

Doch gehen wir jetzt in der Chronologie einen Schritt zurück und blicken zunächst auf das (digitale) Stadtlabor *Aschaffenburg 2.0*. Seit dem Herbst 2020 ist diese ambitionierte Mitmach-Plattform unter dem Motto *Gemeinsam Stadtgeschichten teilen* online verfügbar[4] und wird seitdem von der Aschaffenburger Bevölkerung und anderen Interessierten gut angenommen; zahlreiche Personen haben bereits Beiträge geschrieben oder kommentiert.[5] Hinter dem Stadtlabor steht eine kleine Redaktion, die die Autor*innen bei Bedarf betreut und unterstützt. Bislang sind knapp 400 Beiträge online verfügbar, die über eine Stadtkarte visualisierbar sind und über verschiedene Kategorien abgerufen und gesucht werden können; hinzu kommen allgemeinere *News*-Beiträge.[6] Das partizipative Projekt ist mittlerweile verstetigt worden. Gleichzeitig entwickelt es sich weiter. So hat es inzwischen einen Relaunch erfahren, wird durch diverse partizipative Seitenprojekte ergänzt und läuft parallel zu einem umfangreichen wissenschaftlichen Forschungsprojekt zur Aschaffenburger Stadtgeschichte des 19. und 20. Jahrhunderts.[7]

---

[3] Fördervolumen ca. 500.000 €; Projektpartner ist die Technische Hochschule Aschaffenburg, Kompetenzzentrum Künstliche Intelligenz: Digitale Manufaktur. Projektbeschreibung. 2022. https://digital.aschaffenburg.de/dima/ (aufgerufen am 13.07.2022).

[4] Das Stadtlabor war zuvor im Frühjahr/Sommer 2020 mittels eines Corona-Sammlungsaufrufs letztlich schon angekündigt worden: Corona dokumentieren als Teil der Stadtgeschichte! 2020. https://stadtarchiv-aschaffenburg.de/sammlungsaufruf-corona-dokumentieren-als-teil-der-stadtgeschichte (aufgerufen am 13.07.2022).

[5] Themen werden, anders als beispielsweise beim Stuttgarter *Stadtlexikon*, nicht vorgegeben. Selbstverständliche Basis sind Regeln und Nutzungsbedingungen, die für alle Autor*innen gelten.

[6] Statistik-Tools waren im Stadtlabor nicht von Beginn an hinterlegt; die Zahlen für den Zeitraum Mai 2021 bis Juni 2022 zeigen über 70.000 Seitenaufrufe (bei über 40.000 Besucher*innen der Seite) – mit steigender Tendenz im Jahr 2022.

[7] Das Projekt wird im Jahr 2023 mit der Veröffentlichung eines umfangreichen Sammelbandes zum Abschluss kommen; Koordinator ist Dr. Vaios Kalogrias, der auch aktiv an der Entwicklung

In einer gewissen Weise Vorbild war das *Stadtlabor Digital* des Historischen Museums Frankfurt am Main[8] – und auch der Digitalladen hat als Inspirationsquelle die Pop-up-Stores und Vor-Ort-Präsenzen (*Stadtlabor unterwegs*) der Mitarbeiter*innen des Museums in den Frankfurter Stadtteilen. Allerdings ist der Aschaffenburger Digitalladen keine kurzfristige Pop-up-Geschichte, sondern: *gekommen, um zu bleiben*. Der Aschaffenburger Digitalladen ist darüber hinaus die Basis, um – ähnlich wie in Frankfurt – die Menschen in der Stadt bei Veranstaltungen und diversen Events zu treffen und mit ihnen ins Gespräch zu kommen. Er befindet sich, wie bereits dargelegt, in einem relativ belebten Teil der Aschaffenburger Fußgängerzone,[9] in unmittelbarer Nähe zur Hauptfußgängerzone.[10] Dass das Vorbild des Aschaffenburger Stadtlabors ein innovatives Beispiel aus dem Bereich der Museen ist, verwundert bei genauerem Hinsehen nicht. Auch wenn das Frankfurter *Stadtlabor Digital* meines Erachtens längere Zeit ein Leuchtturmprojekt unter den deutschen historischen Museen gewesen ist: Die *digitale Erweiterung* von Kultureinrichtungen ist weit eher in deutschen Museen als in Archiven erfunden worden.

Nach Etablierung des digitalen Stadtlabors in Aschaffenburg war seitens des Stadt- und Stiftsarchivs sowie des bereits mehrfach erwähnten Digitalamts relativ schnell der Wunsch aufgekommen, das digitale Werkzeug (Stadtlabor) analog zu präsentieren, zu erklären und zu erläutern – und überhaupt die digitalen Themen der Stadtverwaltung sowie diejenigen der Bürger*innen hierarchiefrei und in einem offenen *Kreativraum* zu diskutieren – ohne Berührungsängste und außerhalb der eigentlichen Verwaltungsgebäude: Der Digitalladen war geboren. Die Anmietung erfolgte gemeinsam mit dem Digitalamt, das seitdem im Digitalladen nicht nur mit Mitarbeiter*innen vertreten (Bereich Digitalstrategie, z. B. Smart-City, eGovernment), sondern beispielsweise auch mit dem erwähnten Projekt *Digitale Manufaktur* präsent ist und von hier aus aktiv über die Online-Dienste der Stadt berichtet.[11] Die gemeinsame Arbeit im Digitalladen spiegelt sich nicht zuletzt in regelmäßig stattfindenden Veranstaltungen sowie Aktionstagen.[12]

---

des digitalen Stadtlabors mitarbeitet: Forschungsprojekt zur Geschichte Aschaffenburgs. 2022. https://stadtarchiv-aschaffenburg.de/forschungsprojekt-zur-geschichte-aschaffenburgs (aufgerufen am 13.07.2022).
[8] Stadtlabor. o. D. https://historisches-museum-frankfurt.de/de/stadtlabor (aufgerufen am 13.07.2022).
[9] Adresse: Rossmarkt 11.
[10] Nämlich die Herstallstraße.
[11] Sogenannter *Digital-Dialog* des Digitalteams, teils auch außerhalb des Digitalladens, sowie aktive Präsentationen der *Digitalen Manufaktur*.
[12] Die Liste der größeren Veranstaltungen umfasst beispielsweise den jährlich stattfindenden bundesweiten *Digitaltag*, die *Aschaffenburger Kulturtage*, den *Türöffner Tag* der *Sendung mit der Maus*, größere Pressetermine wie die Vorstellung neuer Smartphone-Apps, das Fest *Brüderschaft der Völker* oder auch den *Seniorentag* der Stadt Aschaffenburg. Hier sei nur ergänzend erwähnt, dass gerade im Jahr 2021 die Veranstaltungen unter den geltenden Corona-Bedingungen durchgeführt wurden bzw. teilweise auch in hybrider Form.

Abb. 5: Gemeinsamer Informationsstand von Digitalamt und Stadt- und Stiftsarchiv am Tag der Franken, 3. Juli 2022 (abgebildet: Sophie Walde und Vaios Kalogrias). Aufnahme: Thomas Pinz.

Vom Stadt- und Stiftsarchiv aus wird der vordere Ladenbereich seit dem Frühsommer 2021 zu festen Zeiten offen gehalten.[13] In den ersten zwölf Monaten waren dies zwei Tage pro Woche (Dienstag und Donnerstag), seit dem Frühjahr 2022 kommt ergänzend noch der Mittwoch hinzu. Aber dies ist bei weitem noch nicht alles: Schon von Beginn an gab es Anfragen aus der Bürgerschaft, von Vereinen und Initiativen, im Digitalladen zu festen Terminen Sprechstunden oder Meetings abzuhalten. Hierzu gehört beispielsweise ein Arbeitskreis, der an einer umfangreichen biographischen Datenbank zur jüdischen Bevölkerung in Unterfranken arbeitet. In diesen Bereich fallen aber beispielsweise auch das *Digitale Gründerzentrum* mit einer Gründersprechstunde und das *Miteinander im Zentrum (MIZ)*, das Senior*innen im Rahmen einer Mediensprechstunde durch den örtlichen Ableger des *Chaos*

---

[13] Der Digitalladen war bereits im März/April 2021 bezugsfertig (nach erfolgter Umbau- und Renovierungsphase), allein die Corona-Regelungen erlaubten noch keine Öffnung für das Publikum.

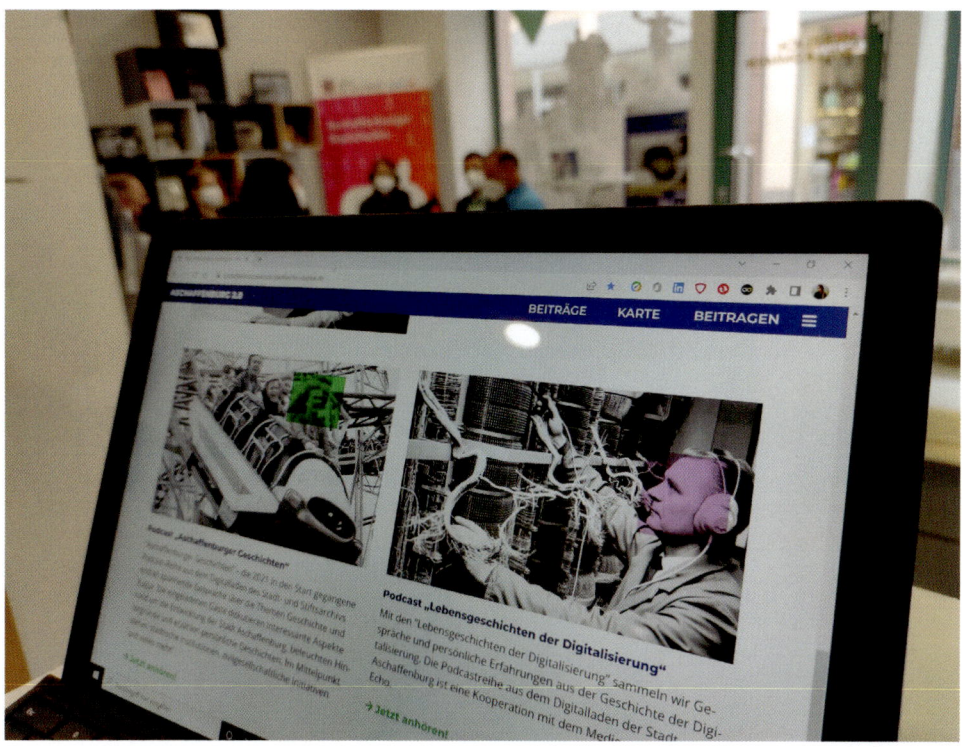

Abb. 6: Aufnahme eines Podcasts der „Lebensgeschichten der Digitalisierung" (2022). Aufnahme: Joachim Kemper.

Computer Clubs[14] zu digitalen Problemen berät. Die Liste der involvierten Einrichtungen und Vereine ließe sich noch fortsetzen – von Coding-Workshops für Kinder und Jugendliche über Aktivitäten der Aschaffenburger Stadtbibliothek und des Stadtjugendrings bis hin zu abendlichen Meetings von Stadtratsfraktionen (zu digitalen Themen) und zu Treffen der Jugendauszubildendenvertretung. Auch der zuständige Koordinator des bereits genannten Forschungsprojekts zur Aschaffenburger Stadtgeschichte ist mit seiner Sprechstunde im Rahmen der Ladenöffnungszeiten sehr aktiv, und ebenso sind Sammlungsaufrufe zur jüngeren und jüngsten Vergangenheit der Stadt bereits mehrmals mit einigem Erfolg über den Digitalladen lanciert worden.

Die grundlegende *Erzählung* hinter den Aktivitäten des Stadt- und Stiftsarchivs im Rahmen der städtischen Digitalisierung sowie im Besonderen hinter dem Digitalladen und dem Stadtlabor ist diese: Wir blicken in die Vergangenheit und sprechen darüber hier und jetzt,

---

[14] *Verein Schaffenburg e.V.*

um die Gegenwart zu gestalten und Lehren für die Zukunft zu erhalten – und letztlich den Menschen (seitens der Stadt) zu signalisieren, dass wir sie bei der Digitalisierung nicht allein lassen.[15] Dieser Impetus steht auch hinter den beiden umfangreichen Podcast-Reihen, die im Digitalladen seit dem Frühjahr 2021 aufgezeichnet werden:[16] Die *Aschaffenburger Geschichten* verstehen sich dabei als Gespräche mit Akteur*innen der Stadtverwaltung und aus Einrichtungen, Vereinen und Initiativen – immer mit dem Fokus auf Stadtgeschichte, Kultur und Wissensvermittlung; die im Frühjahr 2021 gestartete Reihe umfasste im Sommer 2022 bereits rund zwanzig Folgen.[17] Von Planung, Konzept und Umfang her ambitionierter sind die *Lebensgeschichten der Digitalisierung*, von denen im Sommer 2022 zehn Folgen online verfügbar waren. Die Erläuterung dieser Reihe, die regelmäßig in Kooperation mit dem regionalen Medienhaus *Main-Echo* geplant, durchgeführt und beworben wird, spricht sicherlich für sich: *Die Podcasts der "Lebensgeschichten" berichten in der Jetztzeit über die Vergangenheit der Digitalisierung, aber auch über technische Entwicklungen und Probleme. Wir richten dabei den Blick aus der Gegenwart in die Zukunft, und wir wollen den Menschen und insbesondere den Aschaffenburger*innen Mut machen, an der digitalen Transformation der Gesellschaft aktiv mitzuwirken. Ein "Geschichtsformat" mit Zukunft eben!*[18]

Erweiterungen, Projekte und analog-digitale Vermittlung

Beide Podcast-Reihen sind Teil der seit Ende 2021 überarbeiteten Struktur des digitalen Stadtlabors, das neben den bisherigen partizipativen Elementen nun auch immer mehr Zugänge zu neuen innovativen Digitalprojekten beinhaltet, mit Schwerpunkt auf digitaler Erweiterung und Vermittlung. Ein Beispiel hierfür ist das Messenger-Projekt *Erinnern.Immer*, das seitens der Deutschen Stiftung für Engagement und Ehrenamt gefördert worden war.[19]

---

[15] Beispielhaft hierfür stehen immer wieder auch Filmbeiträge im Videokanal der Stadt (Playlist: stadtarchivAB bzw. digitalAB), zuletzt: digitalAB – Wir gestalten Aschaffenburg! 2022. https://youtu.be/ff6IS0rIpVY (aufgerufen am 13.07.2022).

[16] Hintergrund der Podcast-Aufzeichnungen war von Beginn an auch der Wunsch, quasi aus dem Digitalladen heraus während der Corona-Krise Gehör zu finden und Inhalte senden zu können (ohne andererseits beispielsweise größere Veranstaltungen durchführen zu können).

[17] Podcast *Aschaffenburger Geschichten*. 2022. https://aschaffenburgzweinull.stadtarchiv-digital.de/projekt/aschaffenburger-geschichten/ (aufgerufen am 12.07.2022).

[18] Podcast *Lebensgeschichten der Digitalisierung*. 2022. https://aschaffenburgzweinull.stadtarchiv-digital.de/projekt/podcast-lebensgeschichten-der-digitalisierung/ (aufgerufen am 12.07.2022).

[19] Im Hintergrund stand die Geschichte des im Holocaust ermordeten jüdischen Aschaffenburgers Max Hamburger; Kooperationspartner beim Projekt war der Verein *Jüdisches Leben in Unterfranken. Biographische Datenbank e.V.* Sämtliche Messenger-Nachrichten sind weiterhin abrufbar auf der Projektseite (Stand 2022): https://aschaffenburgzweinull.stadtarchiv-digital.de/projekt/erinnern-immer/ (aufgerufen am 12.07.2022).

Als Archiv in der „DialogCity"   63

Abb. 7: Key Visual des Projekts „Zeit-Raum Brentano", zugleich Buswerbung im 2. Halbjahr 2022. Aufnahme: Michael Stahl.

Auch die digitale Nacherfassung der umfassenden Aschaffenburger Denkmaltopographie[20] ist mittlerweile als eigenes Projekt (*Denkmaltopographie digital*) im Stadtlabor verfügbar – und zugleich in die Gesamtkarte der Stadtlabor-Beiträge eingeflossen.[21] Die Ergebnisse der beiden neuen Projekte *ZeitRaum Brentano* und *Dialog Romantik*, die im Jahr 2022 durch Projektteams unter Federführung des Stadt- und Stiftsarchivs Aschaffenburg bearbeitet werden, sollen ebenso zukünftig über die Stadtlabor-Seite zugänglich gemacht werden; es handelt sich um Vorhaben, die der digitalen Vermittlung der Epoche der Romantik und der für Aschaffenburg wichtigen Familie Brentano über virtuelle (Meta-)Räume dienen.[22]

---

[20] Denkmäler in Bayern. Kreisfreie Stadt Aschaffenburg. Bearb. von Ina *Gutzeit* und Hauke *Kenzler* (Denkmäler in Bayern VI/71). München 2015.
[21] Die digitale Erfassung und Darstellung der gedruckten Denkmaltopographie war durch das Bayerische Landesamt für Denkmalpflege unterstützt und durch die Aschaffenburger Kurt Gerd Kunkel-Stiftung finanziell gefördert worden.
[22] Die Förderung beider Projekte, die in sich unterschiedliche Akzente und Zugänge berücksichtigen, erfolgt über die Kulturstiftung des Bundes (Programm *dive in. Programm für digitale Interaktionen*) sowie im Fall von *Dialog Romantik* über das Programm *WissensWandel*. Für weitere Informationen siehe vorläufig beispielsweise: Romantik revisited. 2022. https://aschaffenburgzweinull.stadtarchiv-digital.de/projekt/zeitraum-brentano/ (aufgerufen am 12.07.2022); Dialog Romantik. 2022. https://aschaffenburgzweinull.stadtarchiv-digital.de/projekt/dialog-romantik/ (aufgerufen am 12.07.2022).

Abb. 8: Staatsminister Albert Füracker übergibt den Förderbescheid für den „HeimatHub",
20. Mai 2022, Nürnberg (von links nach rechts: Vaios Kalogrias, Markus Schmitt,
Staatsminister Albert Füracker, Bürgermeister Eric Leiderer). Aufnahme: Christian
Blaschka, Bayerisches Staatsministerium der Finanzen und für Heimat.

Der Etablierung eines Online-Archivs für Bürger*innen der Stadt sowie der beiden Landkreise Aschaffenburg und Miltenberg (*Planungsregion Bayerischer Untermain*) dient das im Jahr 2022 angelaufene Kooperationsprojekt *Digital-analog-miteinander. Das Projekt HeimatHub für den Bayerischen Untermain*.[23] In diesem Fall steht das digitale Stadtlabor als Beispiel im Hintergrund, soll jedoch regional erheblich erweitert und durch ein niedrigschwelliges Online-Archiv, Mitmach-Angebote und analoge Anlaufstellen (sog. „Ankerpunkte") erheblich ausgebaut werden.[24] Auch hier stehen digitales Kommunizieren, Zusammenarbeiten und Teilen sowie das Bewahren von Informationen im Mittelpunkt; weitere, regional angelegte Projekte sollen im Rahmen des *HeimatHub* entstehen und einen wichti-

---

[23] Das Projekt wird maßgeblich seitens des Bayerischen Staatsministeriums der Finanzen und für Heimat bzw. der Regierung von Unterfranken im Rahmen der bayerischen *Heimat-digital*-Richtlinie unterstützt. Projekt *HeimatHub*. Der Startschuss für ein neues Digitalprojekt ist gefallen! 2022. https://stadtarchiv-aschaffenburg.de/projekt-heimathub-der-startschuss-fuer-ein-neues-digitalprojekt-ist-gefallen (aufgerufen am 12.07.2022).

[24] Auf das neue Angebot unter (zukünftig) www.heimathub.de wird natürlich auch von der Projektseite des Stadtlabors verwiesen werden.

gen Beitrag zur Erfassung und Vermittlung von Geschichte und Kultur auf der Mikroebene leisten. Das Potential von Geschichtsvereinen und Kultureinrichtungen auszuschöpfen und interessierte Bürger*innen als Mitakteur*innen zu gewinnen, stellen wichtige Ziele dar und sind auch für das Bestehen bzw. das Weiterentwickeln einer offenen Gesellschaft unerlässlich.

Bereits absehbar ist die Etablierung des umfassenden EU-Projekts *DIALOG CITY*: Das große, im Frühjahr 2022 genehmigte Kooperationsprojekt im Rahmen von *Creative Europe* bündelt unter der Koordinierung der Stadt Aschaffenburg bzw. des Stadt- und Stiftsarchivs diverse partizipative Kulturvermittlungskonzepte und Partner aus fünf Staaten. Zu den herausgehobenen Aktivitäten des Projekts (Fördervolumen ca. 1 Million Euro), das kurz gesagt der Verknüpfung von digitaler Innovation mit der analog-physischen Beteiligung der Bürger*innen dient, zählt die Entwicklung eines partizipativen und archivfachlichen Ansprüchen genügenden Online-Archivs.[25] Wichtig zu unterstreichen ist hier, dass die genannten Projekte samt Fördermitteln letztlich auch der Fortschreibung und -entwicklung der partizipativen und offenen Elemente des Stadtlabors sowie des Digitalladens zugutekommen werden bzw. erhebliche Synergien möglich sind. Das Stadtlabor sowie die Konzeption des Digitalladens selbst hatten dabei bereits im Zeitraum 2020/2021 eine Anschubfinanzierung durch die Unterfränkische Kulturstiftung (Bezirk Unterfranken) sowie insbesondere auch das Programm *WissensWandel* erfahren.[26]

Als Weiterentwicklung des digitalen Stadtlabors hin zu einer vollmobilen Nutzung versteht sich schließlich die Smartphone-App *Aschaffenburger Geschichten*. Eine umfangreiche Auswahl prägnanter Beiträge des Stadtlabors durch ein engagiertes Aschaffenburger Entwicklerteam wurde in Form von textlichen Teasern[27] sowie mit ergänzenden Audiofiles zu einer App gestaltet, die seit Anfang 2022 in den App-Stores von Google und Apple verfügbar ist. Die Nutzer*innen der App können dabei auch verschiedene Routen durch die Stadt gehen bzw. eigene Routen speichern und erstellen. Mittels Geofencing können Benachrichtigungen versendet werden, wenn sich ein *Point of interest* (zugleich letztlich ein Beitrag des Stadtlabors) in der Nähe befindet. In nächster Zeit sollen *Augmented Reality*-Elemente das Angebot der App, die sich bereits jetzt sowohl an Bürger*innen der Stadt wie Tourist*innen wendet, noch einmal ein gutes Stück erweitern. Die Smartphone-App soll daneben auch inhaltlich weiter ausgebaut werden.[28]

---

[25] Dürfen wir vorstellen: ein EU-Projekt. 2022. https://stadtarchiv-aschaffenburg.de/duerfen-wir-vorstellen-ein-eu-projekt (aufgerufen am 12.07.2022).

[26] Von 2.0 zu „4.0". 2021. https://www.aschaffenburg.de/Aktuelles/Aktuelle-Meldungen/Archiv-2021/DE_index_6522_84034.html (aufgerufen am 14.07.2022).

[27] Ein Weiterlesen-Button führt dann bei Bedarf in das zumeist deutlich ausführlichere Angebot des digitalen Stadtlabors.

[28] Weitere Informationen sowie Weiterleitung zu den genannten App-Stores: Stadtlabor-App. 2022. https://aschaffenburgzweinull.stadtarchiv-digital.de/projekt/stadtlabor-app/ (aufgerufen am 13. 07. 2022).

Abb. 9: Beispiel eines Bodenaufklebers (Standort Sandgasse, Aschaffenburg, 2021). Aufnahme: Helena Knuf.

Die Nutzung der App sowie letztlich auch des Stadtlabors vor Ort, in der Stadt und ihren Stadtteilen, führt schließlich noch einmal zu analogen Werkzeugen: Über Bodenaufkleber, deren QR-Code direkt auf einen Stadtlabor-Beitrag verweist, macht das Stadtlabor-Team die partizipativen Beiträge prägnant sichtbar. In Ergänzung hierzu verweisen kleinformatige Aufkleber im Stil von Wanderrouten-Hinweisschildern auf die vollmobile Smartphone-App *Aschaffenburger Geschichten*.[29] Beide Angebote stehen durchaus sinnbildlich für den bereits dargestellten digital-analogen Ansatz.

Das Konzept und die Entwicklung des Digitalladens in Aschaffenburg zeigen, dass Archive, Kommunalarchive zumal, durchaus Dritte Orte sein können – und vielleicht auch sein müssen; die Wahrnehmung innerhalb der Stadtgesellschaft, aber auch in den Medien und in der Verwaltung und Politik ist dagegen noch eine deutlich andere. Der Digitalladen ist darüber hinaus ein umfangreiches Kooperationsprojekt, in das neben dem Archiv selbst auch das Digitalamt der Stadt sowie diverse Initiativen, Vereine und Einrichtungen eingebunden sind. Die Partner profitieren von der Zusammenarbeit, vieles wäre alleine auch nicht zu stemmen. Für ein Kommunalarchiv bedeutet eine solche aktive Mitwirkung an einem Dritten Ort selbstverständlich, dass bisherige Gewohnheiten und auch Arbeitsweisen regelmäßig hinterfragt werden müssen – ohne, dass freilich die Kernaufgaben aufgegeben werden müssen. Der Weg lohnt sich jedenfalls definitiv.

---

[29] Selbstverständlich müssen beide Aufkleber-Varianten regelmäßig überprüft und teils erneuert bzw. ergänzt werden, wobei die Bodenaufkleber bislang eine gute Haltbarkeit gezeigt haben.

Hybrid oder Hybris?
Das Kreisarchiv Reutlingen und seine Bemühungen um öffentliche Wahrnehmung

Von Marco Birn

Im digitalen Zeitalter sind wohl die meisten Archive bestrebt, ihre Angebote auch im virtuellen Raum zur Verfügung zu stellen. Denn es ist zu befürchten, dass Bestände, die nicht online verfügbar sind, künftig auch kaum mehr benutzt werden. Eventuell verschwinden Archive, die in Zukunft keine digitalen Angebote zur Verfügung stellen, sogar zunehmend aus der öffentlichen Wahrnehmung.

Zahlreiche Projekte zur Retrokonversion von Findmitteln, deren Online-Publikation sowie die Digitalisierung und Nutzbarmachung ganzer Archivbestände im Internet sollen dem entgegenwirken. Digitalisierungsstrategien sind somit ein Mittel im Ringen um öffentliche Wahrnehmung. Und auch wenn die öffentlichen Archive ihre Daseinsberechtigung auf das Landesarchivgesetz zurückführen, ist die Benutzung und Nutzbarmachung doch die sinnstiftende Kernaufgabe eines jeden öffentlichen Archivs. Die öffentliche Wahrnehmung spielt in diesem Kontext also nicht nur eine untergeordnete Rolle. Sie wird umso bedeutender, berücksichtigt man die Verteilung von Ressourcen innerhalb einer Behörde. Das Ansehen innerhalb der eigenen Verwaltung ist häufig ein entscheidender Aspekt, der in enger Verbindung mit der Personalsituation und dem finanziellen Spielraum steht. Man kann daraus folgern, dass ein positives Image neue Gestaltungsspielräume ermöglicht.

Um gegen das bisweilen „angestaubte" Image in der eigenen Verwaltung anzukämpfen, positionieren sich mehr und mehr kommunale Archive als Treiber der Digitalisierung, was nach und nach auch die Verwaltungsspitzen wahrnehmen. Als zwei herausragende Beispiele seien hier das Stadtarchiv Aschaffenburg und das Kreisarchiv Esslingen genannt. Während Ersteres vor allem durch seine nach außen gerichteten Projekte Aufmerksamkeit generiert (siehe Beitrag in diesem Band), hat sich Letzteres durch seine Zuständigkeit im Bereich Dokumentenmanagement und den Aufbau eines Digitalisierungszentrums für den Landkreis als Experte für Digitalisierung innerhalb der Verwaltung positioniert, was mit einem Imagegewinn, zunehmenden Personalressourcen und steigenden Sachmitteln einhergeht.

In diesem Beitrag geht es nun darum, wie das Kreisarchiv Reutlingen versucht, im digitalen Zeitalter die Menschen zu erreichen. Neben der eingangs erwähnten Digitalisierungsstrategie ist dabei auch die Kommunikationsstrategie von zentraler Bedeutung.

Hybrid oder Hybris?

Das im Untertitel dieses Beitrags erwähnte Wort *Bemühungen* ist in diesem Zusammenhang von großer Bedeutung. Als Archiv mit einem sehr großen, flächigen Sprengel braucht es personelle und finanzielle Anstrengungen, um wahrgenommen zu werden. Und nicht nur die Mitarbeiterinnen und Mitarbeiter aus Kreisarchiven wissen, dass die Identifikation mit dem Landkreis, in dem man wohnt, doch deutlich geringer ausgeprägt ist als mit der betreffenden Gemeinde oder Stadt; was letztlich dazu führt, dass die Stadtarchive in der öffentlichen Wahrnehmung häufig stärker verankert sind. Zu diesen geografischen und spartenspezifischen Hürden kommt eine enorme Vielfältigkeit unserer Region. Unsere 26 Gemeinden mit mehr als 100 ehemals selbständigen Orten, herausgelöst aus ganz verschiedenen Oberämtern und Landkreisen, haben unterschiedlichste Traditionen und Geschichten zu bieten. Sie befinden sich in einem Spannungsverhältnis von Großstadt und ländlichem Raum, von industriell geprägtem Albvorland und touristisch attraktiver Albhochfläche. Der Landkreis Reutlingen hat den größten Anteil am Biosphärengebiet Schwäbische Alb. Und die Menschen interessieren sich für das historisch-kulturelle Erbe: Es gibt mehr als 30 Geschichtsvereine und historische Arbeitsgruppen im Landkreis.

Unser Ziel ist es, die Menschen im ganzen Landkreis zu erreichen, sie auf die Arbeit des Kreisarchivs und unsere Bestände aufmerksam zu machen und so schließlich auch heimat- und familiengeschichtliche Forschung zu ermöglichen. Das erfordert die bereits erwähnten Mühen und Anstrengungen, welche wir zu einem bedeutenden Anteil in digitale und nachhaltige Projekte investieren.

Gleichzeitig stellt sich auch immer wieder die Frage, welches Ausmaß an Anstrengungen gerechtfertigt ist. Natürlich haben Archive ein großes Interesse daran, dass die Menschen wissen, welche Informationen, Akten, Fotos und andere Quellen es bei ihnen gibt. Gleichzeitig stellen sich Archivare und Archivarinnen aber auch die Frage, ob es die investierte Arbeitskraft und die finanziellen Aufwendungen wert ist. Oder direkt formuliert: Wie viel darf ein digitaler Lesesaal pro Jahr kosten? Wie viele Bürgerinnen und Bürger müssen diesen nutzen, damit er sich „rechnet"?

Sicherlich lässt sich hier kein allgemein gültiges Kosten-Nutzen-Verhältnis definieren. Aber es stellt sich durchaus die Frage, ob unsere hybriden Bestrebungen am Ende vielleicht nur einer Hybris entspringen. Nehmen wir uns als Archive oder unsere Bestände vielleicht zu wichtig? Sollten wir uns, statt uns um eine bessere Wahrnehmung zu bemühen, nicht lieber ganz auf die Kernaufgaben konzentrieren? Getreu dem Motto: Wenn der Nutzer kommt, dann kann er benutzen – wenn er uns und unsere Bestände hingegen nicht kennt, dann eben nicht.

Es ist wohl nicht verwunderlich, dass das Kreisarchiv Reutlingen das zuletzt angeführte Motto ablehnt. Wohl aber streben wir nach einer Ressourceneffizienz, suchen also mit möglichst wenig Mitteln so viel(e) wie möglich zu erreichen.

Die Kulturplattform des Kreisarchivs Reutlingen

Im Rahmen der alltäglichen Arbeit eines Archivs entstehen zahlreiche Angebote, die zumeist nur temporär einem bestimmten Kreis von Personen zur Verfügung stehen und anschließend in der sprichwörtlichen „Schublade" verschwinden. Dazu zählen Ausstellungen, Texte, Fotos, Findbücher und vieles mehr.

Daraus entwickelte sich die zentrale Zielstellung des Kreisarchivs Reutlingen: Wir wollten bereits Vorhandenes online sichtbar machen und eine Plattform schaffen, auf der alle Informationen und Angebote nachhaltig verfügbar sind.

Die Internetseite des Landkreises Reutlingen war dafür nicht geeignet. Informationen zum Archiv und den Beständen sowie der Bibliothekskatalog waren vorhanden, konnten von potenziellen Nutzern aber kaum gefunden werden. Darüber hinaus standen die technischen Hürden ganz im Gegensatz zu jeglicher Innovation und Kreativität der Archivmitarbeiterinnen und Archivmitarbeiter. Deshalb entwickelten sich die Planungen dahingehend, eine eigene Kulturplattform zu etablieren. Nach einem Jahr Planungszeit konnte unsere Kulturplattform *www.kultur-machen.de* mit der Unterstützung eines externen Dienstleisters im Mai 2020 online gehen. Die zentrale Anlaufstelle im Internet für alle Fragen der Archiv- und Kulturarbeit wurde somit in einer Zeit freigeschaltet, als nach dem Ende der ersten Pandemie-Welle die Rufe nach digitalen Angeboten in allen Bereichen mehr als deutlich zu vernehmen waren und auch die analogen, altbekannten Lesesäle gerade erst wieder geöffnet wurden.

Bei der Wahl des Namens schien jeglicher Bezug zu Institution, Körperschaft oder Geografie für den Zweck ungeeignet. Stattdessen griff das Kreisarchiv das anpackende *machen* auf, welches auch die Personalgewinnungs-Website des Landkreises *www.ganzesachemachen.de* im Namen trägt.

Die Kulturplattform ist zwar für alle Bürgerinnen und Bürger erreichbar, dennoch empfiehlt es sich, in einem solchen Projekt eine Zielgruppe zu definieren. Dabei half uns die Facebook-Analyse unserer Follower: Einwohnerinnen und Einwohner des Landkreises im Alter zwischen 30 und 70, die Online-Angebote nutzen oder bei den Sozialen Medien aktiv sind sowie ein ausgeprägtes Interesse an heimatkundlichen, geschichtlichen und kulturellen Themen haben. Die Website ist modular nach hierarchisch strukturierten Themenbereichen aufgebaut, was sich in der Kachelansicht auf der Startseite widerspiegelt.

Die Themenwelt *Archiv* beinhaltet zunächst alle klassischen Archivangebote. Der Virtuelle Lesesaal, basierend auf ActaPro-Benutzung, ist seit Februar 2022 online. Er beinhaltet die Tektonik und alle Findbücher, deren Beständebeschreibungen und Verzeichnungseinheiten für eine Online-Präsentation rechtlich unbedenklich erscheinen. Darüber hinaus werden die Findbücher fortlaufend mit Digitalisaten angereichert, was eine dezentrale Nutzung der Unterlagen ermöglicht. Dank des Förderprogramms *Wissenswandel* im Rahmen des Bundesprojekts *Neustart Kultur* konnte die Rückgratüberlieferung des Landkreises, die Kreistags- und Amtsversammlungsprotokolle, digitalisiert und hier zur Verfügung gestellt werden.

Fotos zählen sicherlich zu den besonders häufig nachgefragten Archivalientypen. Gleichzeitig unterscheiden sich Bilder in Bezug auf Recherche und Präsentation deutlich von Akten oder Amtsbüchern. Deshalb ist die Foto- und Bildersammlung des Landkreises über ein eigenes Fotoportal zugänglich. Öffentlich einsehbar sind derzeit 8.000 Bilder, was allerdings nur einen Bruchteil des gesamten Bildmaterials darstellt. Über interne Zugänge und ein eigens angelegtes Pressekonto kann hingegen die komplette Bilddatenbank eingesehen werden. Auch hier steht, wie im Falle des virtuellen Lesesaals, eine eigene Software mit externem Datenhosting dahinter. In diesem Fall handelt es sich um Fotoware, ein so genanntes *Digital Asset Management* (DAM). Auch die kulturhistorische Bibliothek des Landkreises ist über einen Online-Katalog recherchierbar. Es handelt sich hierbei um eine eigene lokale Ansicht, die über den südwestdeutschen Bibliotheksverbund zur Verfügung gestellt wird.

Dreimal führt unsere Kulturplattform somit zu externen Modulen, die auf unterschiedlicher Software beruhen und die Daten über einen eigenen Server zur Verfügung stellen. Zur verbesserten Orientierung und als Teil der Markenbildung wird jede Möglichkeit der Individualisierung genutzt, um eine einheitliche Darstellung am Bildschirm zu erreichen. Ein besonderes Augenmerk liegt in diesem Zusammenhang auf der einheitlichen Farbgebung und einer möglichst identischen Kopf- und Fußzeile.

In der Themenwelt *Geschichte und kulturelles Erbe* finden sich vielfältige Informationen, Texte und Bilder zur Geschichte des Landkreises, seiner Gemeinden und Menschen. Im Rahmen der historischen Bildungs- und Öffentlichkeitsarbeit eines Archives entsteht im Laufe der Jahre ein großer Wissensschatz, der aber meist nur intern zur Verfügung steht. Dieser wertvolle Fundus an Informationen findet hier eine geeignete und nachhaltige Präsentationsfläche.

Im Gegensatz zu einem herkömmlichen Wiki bietet der Kulturelle Kreisatlas einen geografischen Zugang zu den Sachthemen im Landkreis. Burgen, Kirchen, Museen, Höhlen und vieles mehr werden, basierend auf Open Street Map, auf einer Karte durch Geopoints sichtbar. Nutzerinnen und Nutzer können nach Kategorien filtern und gelangen über den Geopoint auf eine eigene Objektseite, die entsprechende Informationen über den Kulturort präsentiert. Der barrierefreie Atlas entstand in Zusammenarbeit mit der Inklusionskonferenz im Landkreis Reutlingen. Dieser greift auf dieselben Geopoints zurück wie der Kulturelle Kreisatlas. Der einzige Unterschied besteht darin, dass Menschen mit Handicap vordefinierte Filter mit ihren speziellen Bedürfnissen setzen können. Das kann unterschiedliche Aspekte der Barrierefreiheit, die Verfügbarkeit von Behindertenparkplätzen oder spezielle Angebote für Hör- und Sehbehinderte umfassen.

Neben dem geografischen Zugang zur Kreisgeschichte sind Module zu Personen oder thematischen Ausstellungen verfügbar, aber auch zu Themen wie der Ausbildung der Jugendguides, einer Qualifizierung von Jugendlichen und jungen Erwachsenen im Bereich der Gedenkkultur; und auch die im Landkreis ansässigen Geschichtsvereine haben auf *kultur-machen.de* die Möglichkeit, sich und ihre Arbeit vorzustellen.

Da die Webseiten zu den Burgen im Landkreis mit Abstand am häufigsten nachgefragt wurden, haben wir zusammen mit den Kolleginnen und Kollegen aus dem Kreisarchiv Esslingen ein eigenes Burgen- und Schlösserportal geschaffen. Somit wurde dieses Themenmodul ausgegliedert und bekam mit *www.unsere-burgen.de* einen eigenständigen Webauftritt. Im Rahmen einer Pressekonferenz auf dem Hohenneuffen wurde die Website freigeschaltet. Sie ist ein gutes Beispiel dafür, wie Archive über Sprengelgrenzen hinweg gemeinsame digitale Angebote aufbauen können. Obwohl die Burgen nun von der Hauptseite verschwunden sind, achten wir aber auf eine weiterhin große Vernetzung. So gelangt man beispielsweise über den Kulturellen Kreisatlas oder eine passende virtuelle Ausstellung durch externe Links auf *unsere-burgen.de*. Synergieeffekte gibt es im Hintergrund bei Datenbankstrukturen sowie technischen Bausteinen, beispielsweise dem Cookie-Manager oder dem Analysetool.

Wir entwickeln derzeit auch ein eigenes Modul, das sowohl browserbasiert als auch als Smartphone-App die Kleindenkmale im Landkreis erlebbar werden lässt. Die im Zuge des Projektes in Zusammenarbeit mit dem Landesamt für Denkmalpflege, Geschichtsvereinen und Ehrenamtlichen erfassten Kleindenkmale können dann via App direkt im Gelände angesteuert werden. Die Bürgerinnen und Bürger werden insofern einbezogen, als dass sie ein neues Kleindenkmal ganz unkompliziert melden oder über dessen Beschädigung informieren können, indem sie uns ein Bild und die Geodaten schicken.

Dass zahlreiche kommunale Archive, insbesondere Kreisarchive, häufig eine Funktion als „kulturelle Allzweckwaffe" innehaben, ist gerade im Oberschwäbischen Raum eher die Regel als die Ausnahme. So hat auch das Kreisarchiv Reutlingen – mit dem Leiter als stellvertretendem Kreiskulturamtsleiter, einer eigenen *Regionalmanagerin Kultur* und der traditionellen Zuständigkeit für die Kreiskunstsammlung – eine aktive Rolle für die Kulturarbeit im Landkreis. Selbstverständlich bildet auch dieses Themenfeld einen zentralen Bestandteil der Kulturplattform. Kulturschaffende finden hier alle Informationen zu Fördermöglichkeiten, Fördermittelberatung und unserer Kulturkonzeption. Außerdem ist die digitale Kunstsammlung des Landkreises auf der Plattform einsehbar. Sie befindet sich in einem eigenen Modul, das in technischer Hinsicht als Subdomain eingegliedert ist.

Künstlerinnen und Künstler aus dem Landkreis bekommen unter dem Hashtag *Ich mach' Kultur* die Möglichkeit, sich und ihr Werk zu präsentieren. Als eine Fördermaßnahme beauftragen wir professionelle Videoportraits einzelner Künstler, die deren Schaffensprozess in den Mittelpunkt stellen. Eine enge beidseitige Verlinkung mit den Websites der jeweiligen Künstler führen zu einer verstärkten Wahrnehmung beider Websites.

Das Kommunikationskonzept

Die drei großen Themenwelten *Archiv*, *Geschichte* und *Kunst und Kultur* sowie andere digitale und analoge Angebote des Kreisarchivs werden durch ein Kommunikationskonzept miteinander verknüpft. Im Zentrum steht die Kulturplattform www.*kultur-machen.de* als Marke für die Kulturarbeit des Landkreises. Die Öffentlichkeitsarbeit ruht auf mehreren Pfeilern. Das sind die Sozialen Medien (Facebook und Instagram), klassische Pressemitteilungen, die Internet- und Intranet-Seite des Landkreises sowie verschiedene Newsletter an das bestehende Netzwerk von Kulturakteuren, Geschichtsvereinen und anderen Multiplikatoren. Zu jeder Thematik existieren entsprechende Informationsseiten auf der Kulturplattform, auf die in den jeweiligen Kanälen hingewiesen wird. Das Ziel dahinter: Der interessierte Facebook-Nutzer soll genauso dem Link zu *kultur-machen.de* folgen wie die Leserin der örtlichen Tageszeitung. Die Kulturplattform soll in der öffentlichen Wahrnehmung präsent sein. Nutzerinnen und Nutzer, die beispielsweise wegen einer bestimmten Veranstaltung auf die Seite kommen, sollen auch die Vielfalt der übrigen Angebote kennenlernen.

So zentral es ist, heute digital präsent zu sein und seine Angebote im virtuellen Raum zur Verfügung zu stellen, so wichtig ist aber auch der direkte Kontakt mit den Bürgerinnen und Bürgern, insbesondere wenn es um Beratung geht. Nicht umsonst lautete das Motto des Südwestdeutschen Archivtags *Vor Ort und virtuell*. Wie wohl alle Archive ist auch das Kreisarchiv Reutlingen für seine Nutzer telefonisch, postalisch, vor Ort im Lesesaal und zuvorderst per E-Mail erreichbar. Darüber hinaus stehen wir mit den Bürgerinnen und Bürgern auch über die Sozialen Medien in Kontakt. Momentan findet dies noch größtenteils über Facebook mittels Kommentaren und Messenger-Nachrichten statt. Kontakte via Instagram sind zwar seltener, nehmen jedoch kontinuierlich zu. Wir haben uns jedoch die Frage gestellt, wie wir unsere Zielgruppe auch noch auf anderem Weg erreichen können. Wie kommt man als Archivar/Archivarin mit Menschen ins Gespräch, die online ein Schlagwort eingeben, nichts finden und dann denken, es gäbe nichts? Für diese wichtige Verbindung zwischen virtueller Nutzung und persönlichem Kontakt hat das Kreisarchiv Reutlingen zwei Angebote entwickelt:

1. Die Archivsprechstunde

Die Archivsprechstunde findet alle zwei Monate digital per Webex statt. Am letzten Dienstag des Monats ab 19.30 Uhr, etwa eine Stunde lang. Die erste Archivsprechstunde im Oktober 2021 war eine offene Fragerunde zu familien- und heimatgeschichtlichen Themen mit acht Teilnehmenden. Einzelne waren jedoch nur aus Neugier dabei und hatten keine konkrete Frage mitgebracht. Im Nachgang kamen wir deshalb zu der Überlegung, dass es sinnvoll wäre, zu Beginn einer jeden Archivsprechstunde einen Impuls zu einem bestimmten Thema zu liefern. Das waren in der Vergangenheit u. a. Auswanderung, Entnazifizierung, Kriegsstammrollen, Standesamtsunterlagen, Kirchenbücher, Inventuren und Teilungen. Die stetige Zunahme an Teilnehmenden führte dazu, dass wir seit der dritten Veranstaltung durchgängig zwischen 30 und 60 Teilnehmende pro Archivstunde haben. So erfreulich diese hohen Teilnehmerzahlen aber auch sind, so führen sie die ursprüngliche Idee doch ad absurdum. Eigentlich wollten wir in diesem Format die Bürgerinnen und Bürger sprechen lassen. Jetzt handelt es sich vielmehr um eine Art Online-Seminar, in dem hauptsächlich der Archivar oder die Gastexpertin sprechen und die Teilnehmenden im Anschluss ihre Fragen stellen können.

2. Kaffee mit Archivar

Um die ursprüngliche Idee einer Archivsprechstunde neu aufzugreifen und den Bürgerinnen und Bürgern einen persönlichen Kontakt und geschützten Raum für ihre Fragen zu ermöglichen, haben wir das Format *Kaffee mit Archivar*in* entwickelt. Es wurde die ersten Male im Mai und Juni 2022 in unserem *Kultspace*, einem Co-Working-Space in Münsingen, erprobt. Das Konzept folgt der Idee des *lean coffee*, einem Format für lockere Treffen ohne Agenda und Zielsetzung. Das bedeutet, wir treffen Bürgerinnen und Bürger zwar mit Terminvereinbarung, aber ohne die Fragestellungen im Vorfeld zu kennen. Archivarin und Archivar müssen sich somit nicht auf die zwanglosen Gespräche vorbereiten. Es handelt sich letztlich um ein niedrigschwelliges Angebot für Bürgerinnen und Bürger, die an einem Nachmittag einen Zeitraum von einer halben Stunde buchen können. In Wohnzimmeratmosphäre beraten wir zumeist Heimat- und Familienforscherinnen und -forscher, geben Lesehilfen oder schauen mit ihnen zusammen Online-Findmittel und Online-Angebote von uns selbst oder anderen Archiven an.

Häufige Fragen in der Vergangenheit waren u. a.: Was hat mein Großvater/Vater während des Ersten und Zweiten Weltkriegs getan? Wie beginne ich mit Familienforschung? Welchen Quellenwert haben Standesamtsunterlagen und Kirchenbücher? Wie kann ich Auswanderung in meiner Familie nachvollziehen?

Dieses Format kommt nun der ursprünglichen Idee der Sprechstunde wieder näher. Für die bisherigen Nachmittage gab es mehr Interessenten, als Termine zur Verfügung standen, und die Rückmeldungen waren sehr positiv. Zahlreiche Menschen, die sich sonst – teils aufgrund der Schwellenangst – nicht an ein Archiv gewandt hätten, waren für dieses Angebot sehr dankbar. Auch die Medien waren nach jeder Pressemitteilung für die nächste Archivsprechstunde höchst interessiert an diesem Format und berichteten darüber. Aufgrund dieses Erfolgs werden wir nach Münsingen nun auch Station in anderen Gemeinden des Kreises machen. Nach dem Motto: Wenn die Bürgerinnen und Bürger nicht ins Kreisarchiv kommen, dann kommt das Kreisarchiv zu ihnen.

Sowohl der Archivsprechstunde als auch dem Konzept *Kaffee mit Archivar* liegt die Vorstellung zugrunde, dass ein Archivar in seinem Sprengel ein lokaler Fachexperte zu allen archivischen Fragestellungen ist. Dabei ist es nicht von Belang, ob sich die Fragen auf die eigenen Bestände oder andere Archive beziehen. Im Vorfeld wissen die meisten Anfragenden ohnehin nicht, wie sich die Zuständigkeiten auf unterschiedliche Archive und Sparten verteilen. Es kommt auch vor, dass Teilnehmende mit Scans aus anderen Archiven kommen und um Lesehilfe bitten. Zwar stellen beide Formate natürlich einen gewissen Zeitaufwand dar, aber gleichzeitig kanalisiert man die Anfragenden auf den jeweiligen Zeitpunkt. Anrufe von Familienforscherinnen und -forschern, die uns im Alltag häufig in unpassenden Momenten erreichen, oder E-Mail-Anfragen, deren Verfasserinnen und Verfasser keine konkreten Fragestellungen formulieren, können wir nun gezielt auf dieses Format verweisen.

Ob Menschen an der Archivsprechstunde teilnehmen möchten oder einen Zeitslot bei *Kaffee mit Archivar* reservieren wollen: Alles ist über *www.kultur-machen.de* zugänglich und buchbar.

Fazit

Bei all den dargestellten Anstrengungen sowie dem hohen Ressourceneinsatz für die skizzierten Angebote des Kreisarchivs Reutlingen stellt sich die Frage nach dem Erfolg dieser Maßnahmen. Aber was bedeutet Erfolg im Rahmen der Bildungs- und Öffentlichkeitsarbeit von Archiven überhaupt? Betrachtet man in diesem Zusammenhang die Zahlen einiger Angebote des Kreisarchivs Reutlingen, ist im Herbst 2022 folgendes festzuhalten:
- 1.800 Follower bei Facebook und knapp 700 bei Instagram mit einer monatlichen Reichweite von 30.000 Personen
- 2.000 aktive Besucherinnen/Besucher pro Monat auf der Kulturplattform *www.kultur-machen.de*
- 30–60 Teilnehmerinnen/Teilnehmer an den Archivsprechstunden
- Ausgebuchte Termine bei *Kaffee mit Archivar*

Es erscheint kaum möglich zu sagen, welche Zahlen als Erfolg zu verbuchen sind und welche möglicherweise den Erwartungen hinterherhinken. Das Kreisarchiv Reutlingen stellt jedoch fest, dass es durch seine Angebote und die aktive Öffentlichkeitsarbeit zunehmend die Menschen im Landkreis erreicht. Das gelingt aber nicht nur mit einem bestimmten Aspekt der skizzierten Palette an Maßnahmen, sondern vielmehr über die Vernetzung von digitalem Angebot und direkter Ansprache. Ein Indiz hierfür sind die Zugriffe auf *www.kultur-machen.de*. Ein Drittel direkte Zugriffe lassen einen hohen Anteil an Besucherinnen und Besuchern vermuten, die den Weg zur Kulturplattform über klassische Presseartikel in Zeitungen und Amtsblättern finden. Ein Sechstel kommt direkt über einen Link in den Sozialen Medien und ein weiteres Sechstel über Links von anderen Seiten. Das letzte Drittel erreicht die Website über Suchmaschinen.

Aus den Erfahrungen den Kreisarchivs Reutlingen können somit folgende Thesen entwickelt werden:
1. Die Vernetzung von Online-Angeboten ist ein bedeutenderer Erfolgsfaktor als der bloße Ausbau derselben.
2. Online-Angebote werden nur genutzt, wenn sie durch eine aktive und stetige Öffentlichkeitsarbeit bekannt gemacht werden und im Bewusstsein der Bürgerinnen und Bürger bleiben.
3. Die Lenkung von Besucherströmen, beispielsweise über die Sozialen Medien oder verknüpfte Websites, ist ein zentrales Kriterium, das über den Grad der Wahrnehmung eines Online-Angebots entscheidet.
4. Die Nutzung von Printmedien, Sozialen Medien sowie Netzwerken und Multiplikatoren muss im Rahmen der Öffentlichkeitsarbeit gegeben sein, um breite Bevölkerungsgruppen anzusprechen.
5. Der direkte und persönliche Kontakt zu einem Archiv bzw. einem Archivar/einer Archivarin hat unmittelbare Auswirkungen auf die Nutzung vorhandener Online-Angebote.

Die historische Bildungs- und Öffentlichkeitsarbeit sowie die Digitalisierungsstrategie und das Kommunikationskonzept versuchen, diese Erkenntnisse umzusetzen. Die Entwicklung digitaler Angebote ist in diesem Zusammenhang genauso wichtig wie der direkte Kontakt mit den Bürgerinnen und Bürgern. Das Gesamtkonzept ist in seiner Grundanlage daher hybrid. Die zunehmende öffentliche Wahrnehmung zeigt, dass die Bemühungen nicht nur einer archivarischen Hybris entspringen, sondern die Menschen sich in hohem Maße für archivische Quellen, archivische Arbeit und archivische Angebote interessieren. Sie müssen nur davon erfahren.

Digitize-it! – Chancen und Grenzen internetgestützter Benutzung im Stadtarchiv Münster

Von PETER WORM

Das Projekt „Digitize-it!"

Das Stadtarchiv Münster bewarb sich im November 2020 beim Förderprogramm Wissens-Wandel mit dem Vorhaben *Digitize-it! Einführung eines virtuellen Lesesaals (inkl. Scan-on-Demand-Dienst) im Stadtarchiv Münster*. Erklärtes Ziel war es, die Archivnutzung auch in Zeiten der Corona-Pandemie sicherzustellen. Internetgestützte Nutzungsszenarien boten angesichts der Kontakteinschränkungen und drohenden Schließung von Bildungs- und Kultureinrichtungen die besten Umsetzungschancen. Die akute Bedarfslage legte nahe, dass man nicht mit langen Pflichtenheften, aufwendigen Programmierarbeiten und sich anschließenden Test- und Freigabezeiten planen konnte, sondern bestehende Software und digitale Infrastruktur nachnutzen musste. Gleichzeitig sollten fachliche Informations- und Präsentationsstandards auch nicht über Bord geworfen werden, sondern der archivische Kontext der digitalen Objekte stets erkennbar bleiben. Es lag deshalb auf der Hand, das von uns seit Jahrzehnten zur Präsentation von Erschließungsinformationen und Digitalisaten verwendete Archivportal *Archive in NRW* zu nutzen, das letztmals im Oktober 2020 einen Relaunch erfahren hat. Eine weitere Vorfestlegung betraf die zu verwendende Software: Das Stadtarchiv wollte hier keine kommerziellen Programme einsetzen. Schon die ersten Vorüberlegungen zeigten, dass das aufgrund des guten Leistungsumfangs der Freeware-Alternativen auch nicht nötig war.

Das Projekt setzte sich aus zwei Bestandteilen zusammen: Zum einen sollte eine Digitalisierungsstrategie ausprobiert werden, die Wünsche und Bedarfe der Nutzenden konsequent in den Mittelpunkt der Digitalisierungspriorisierung stellt. Bisherige Digitalisierungsprojekte basieren (zumindest in Deutschland) auf einer Auswahl des Archivguts durch die Archive, die einen aus ihrer Sicht wichtigen Bestand (oder zumindest Teilbestand) aussuchen, der dann – oft von einem externen Dienstleister – vollständig digitalisiert wird. Dieses Vorgehen führt zum einen zu sehr großen Planungsgrößen beim entstehenden Datenvolumen, bei der Finanzierung und Logistik, der archivischen Qualitätssicherung und nachgelagerten technischen Aufbereitung. Zum anderen nimmt man in Kauf, dass große Teile des digitalisierten Archivguts auf kein oder wenig Interesse stoßen, also nur eine geringe Effizienz der eingesetzten Ressourcen erreicht wird.[1] Das Stadtarchiv Münster verfolgt im Gegensatz dazu den Ansatz, dass eine Effizienzsteigerung nur dadurch erreicht werden kann, dass ausschließlich die tatsächlich angefragten Archivalien digitalisiert und anschließend onlinegestellt werden: Für dieses Archivgut gibt es – per se – mindestens eine interessierte Nutzerin / einen interessierten Nutzer. Die kleinste handhabbare Einheit stellt dabei die Verzeichnungseinheit dar, denn teildigitalisierte Akten oder Ausschnitte einer Karte lassen sich technisch schlecht verwalten und führen auf Nutzerseite zu Nachfragen.

Im zweiten Teil des Projekts sollte eine digitale Quellenkunde erarbeitet werden, die dazu beiträgt, Fragen der Benutzerinnen und Benutzer zu beantworten, die im Falle analoger Nutzungssituationen im Beratungsgespräch im Lesesaal geklärt werden können. Natürlich kann hierbei nicht jedes digitalisierte Archivale in den Blick genommen werden, und nicht das gesamte städtische Archivgut bedarf gleichermaßen einer intensiven Einführung. Bei seriellen Quellen der Neuzeit „lohnt" sich diese Arbeit aber in doppelter Hinsicht. Es sind umfangreiche, ununterbrochene Überlieferungen und sie sind erläuterungsbedürftig hinsichtlich Anlagezweck, Aufbau, Vokabular und Auswertungsmöglichkeiten.[2]

Der beschriebene Projektantrag überzeugte die Auswahlkommission, und das Stadtarchiv erhielt dafür mit Datum vom 24.02.2021 die Förderzusage. Bereits im März informierte das Archiv die interessierte Öffentlichkeit über eine Pressemitteilung, spezielle Internetseiten, den Twitter-Account und ein Video bei YouTube hinsichtlich des Projekts und begann mit der Sammlung von Digitalisierungswünschen.[3] Der offizielle Startschuss für das Projekt fiel dann am 1. Mai, wobei die bis dato eingegangenen Wünsche zunächst von unserem Stammpersonal bearbeitet wurden.

Von den bewilligten Fördermitteln (ca. 47.000,– €) und den eingesetzten Eigenmitteln (ca. 7.000,– €) konnten zeitnah ein Großformatscanner inklusive höhenverstellbarem Unterbau beschafft und Personal für die digitale Quellenkunde (Vollzeit vom 01.05.–31.08.2021) und für die technische Scan-Dienstleistung (0,63-Anteil einer Vollzeitstelle vom 16.06.2021–28.02.2022) eingestellt werden. Die Einstellung dieser Projektkraft schlug sich deutlich in den im Projekt erreichten Digitalisierungszahlen (Abb. 5) nieder.

---

[1] Ein durchschnittliches Archivale wird einmal in 35–40 Jahren angeschaut. Diese Zugriffswahrscheinlichkeit rechtfertigt u. E. nicht den Aufwand der Digitalisierung und die Kosten der digitalen Bereitstellung und Erhaltung.

[2] Ratsprotokolle, Rechnungsserien, Gerichtsprotokolle, Steuerlisten – sogenannte Schatzungen – und preußische Einwohnerverzeichnisse.

[3] Vgl. die Pressemitteilung: https://www.muenster.de/pressemeldungen/web/frontend/output/standard/design/standard/page/1/show/1066149; Homepage: https://www.stadt-muenster.de/archiv/service-angebote/scan-on-demand; Tweets: https://twitter.com/StadtarchivMS/status/1367084469312716805 und https://twitter.com/StadtarchivMS/status/1370291471576891393; YouTube: https://youtu.be/sS-Nff7Qbho (alle URLs aufgerufen am 03.01.2023). Zu den Details der Antragstellung und des Projektinhalts vgl. Peter *Worm*: Digitize-it! Ein WissensWandel-Projekt des Stadtarchivs Münster. In: Archivpflege in Westfalen-Lippe 95 (2021) S. 53–59.

Zahlenmäßig konnten die im Projektantrag angestrebten Messgrößen am Ende mehr als erreicht werden:
- Statt der erwarteten 400 zu digitalisierenden Archivalien wurden insgesamt rund 95.000 Scans von 660 Archivalien erstellt und online gestellt.
- Statt der angestrebten 5–6 konnten innerhalb des Projekts 9 Quellentypen hinsichtlich Entstehung, Entwicklung und Quellenwert beschrieben werden. Die Ergebnisse sind auf der Homepage des Stadtarchivs unter der Rubrik *Archivalien digital* nachzuschlagen.[4]
- Außer der digitalen Kurzfassung ist eine fast 120-seitige gedruckte Ausgabe mit dem Titel *Tilman Haug: Städtische Verwaltung und Justiz in der Frühen Neuzeit. Eine Einführung in die seriellen Quellen des Stadtarchivs Münster (Forschen und Lernen 2). Münster 2022* erschienen.
- Durch das Scan-on-Demand-Angebot konnten in der Corona-Zeit fünf universitäre Forschungsprojekte aus der gesamten Bundesrepublik sowie darüber hinaus viele familien- und heimatgeschichtlich Forschende mit historischen Quellen versorgt werden.

Workflow und technische Umsetzung

Das Anstoßen eines Digitalisierungsvorgangs sollte so niedrigschwellig und unbürokratisch wie möglich sein. Entsprechend reicht es aus, dass die Interessentin / der Interessent per E-Mail oder über das Bestellsystem des Archivportals – notfalls sogar per Telefon – eindeutig auf Verzeichnungseinheiten hinweist, die aus ihrer / seiner Sicht digitalisiert werden sollen. Nur erschlossenes und in den Online-Findmitteln auffindbares Archivgut kann für die Digitalisierung vorgeschlagen werden. Globale Bestellwünsche („Alle Geburtsregister der Stadt Münster!") werden nicht berücksichtigt.

Für Archivgut, das nach 1900 entstanden ist, prüft Fachpersonal des Archivs, ob die Voraussetzungen für eine Digitalisierung gegeben sind: Sind die archivrechtlichen Schutzfristen abgelaufen? Unterliegt das angefragte Archivgut unter Umständen noch dem Urheberrecht und, falls ja, liegen die Verwertungsrechte eindeutig bei der Stadt Münster?

Spricht nach Prüfung nichts dagegen, erfolgt die eigentliche Digitalisierung. Das Stadtarchiv Münster verwendet dafür einen Buchscanner und den mit Projektmitteln angeschafften Großformatscanner. Beide Scanner sind ergonomisch auf höhenverstellbaren Tischen aufgebaut, so dass ein ermüdungsarmes Arbeiten möglich ist. Wichtig ist darüber hinaus – besonders bei Großformaten und bei gebundenem Archivgut –, ausreichende Arbeits- und Ablageflächen zu schaffen, um performant und materialschonend arbeiten zu können.

---

[4] Vgl. https://www.stadt-muenster.de/archiv/archivalien-digital: Im Einzelnen wurden für neuzeitliche Ratsprotokolle, Kriminal- und Judicialakten und -protokolle, die Kämmerei- und Grutamtsrechnungen und ihre Vorstufen, die Register der Gesamt- und der Leischaftsschatzungen sowie die Einwohnerregister der Stadt (1817 ff.) quellenkundliche Einführungen verfasst.

Abb. 1: Die Scanarbeitsplätze im Stadtarchiv – links der Buchscanner / Aufsichtsscanner mit Buchwippe, rechts der Großformatscanner. Aufnahmen: Peter Worm.

Als Format für die Masterdateien nutzt das Stadtarchiv das weit verbreitete und ISO-normierte Format JPEG in einer dem Archivalientyp angepassten Auflösung (vgl. Abb. 2) und geringer Kompressionsrate (95 %). Zwar handelt es sich um eine verlustbehaftete Komprimierung, doch ist das Ergebnis von einer unkomprimierten Bilddatei qualitativ nicht zu unterscheiden und spart gleichzeitig erhebliche Mengen an Speicherplatz ein.[5]

Nach dem Scannen müssen die Bilder der digitalisierten Archivalien und die Ordner, die die Digitalisate jeweils einer Achivalieneinheit enthalten, zwingend nach einem einheitlichen

	Empfohlene Qualitäten				
	Akten	Urkunden	Karten / Pläne	Plakate	Fotos
Master	300 dpi, JPEG-Qualität 95%	400 dpi, JPEG-Qualität 95%	400-600 dpi, JPEG-Qualität 95%	300 dpi, JPEG-Qualität 95%	400-600 dpi, JPEG-Qualität 95%
Online-Derivat	150 dpi, JPEG-Qualität 60%	150-300 dpi, JPEG-Qualität 60%	300 dpi, JPEG-Qualität 60%	150 dpi, JPEG-Qualität 60%	150 dpi, JPEG-Qualität 60%

Abb. 2: Scan-Auflösungen und Qualitätseinstellungen für die Master-Bilddateien und die internetgerechten Derivate. Vorlage: Peter Worm.

---

[5] Kai *Naumann* und Christoph *Schmidt*: Chancen und Risiken verlustbehafteter Bildkompression in der digitalen Archivierung. In: Informationswissenschaft: Theorie, Methode und Praxis 5/1 (2018) S. 59–71. https://doi.org/10.18755/iw.2018.7.

Schema benannt werden, um ihre eindeutige Zuordnung zu den Verzeichnungseinheiten und damit die weitere technische Bearbeitung zu ermöglichen.

Die Ordner folgen dem Schema: *[Bestandskürzel]_[l. Num.]*, so dass sich aus ihrer Benennung die vollständige Signatur ergibt; die Dateinamen werden noch durch eine aufsteigende Zahl ergänzt, aus der sich die Anzeigereihenfolge der Digitalisate ergibt: *[Bestandskürzel]_ [l. Num.]_[Zähler mit führenden Nullen].JPG*.

Es kommt dabei auf Genauigkeit an – alle Leerzeichen, Punkte und Sonderzeichen müssen so gesetzt werden, wie man sie auch in den entsprechenden Datenfeldern der archivischen Datenbank findet. Deshalb wird von einer händischen Benennung der Dateien abgeraten und der Einsatz eines Programms zur massenhaften Dateiumbenennung empfohlen. Das Stadtarchiv Münster nutzt den performanten und zuverlässig arbeitenden Advanced Renamer.[6]

Im nächsten Schritt werden die Bilddaten für die Online-Präsentation im Archivportal verkleinert, um Ladezeiten zu minimieren. Diese Varianten (*Derivate*) der Ursprungsdateien (*Master*) werden mit einem Programm zur massenhaften Bildbearbeitung namens XNConvert[7] erzeugt. Es erlaubt zudem die Einbelichtung des Dateinamens, so dass der Rückschluss auf das Archivale auch beim isolierten Auftauchen eines Bildes möglich ist.

Sind alle Digitalisate fertig bearbeitet, muss die Findbuchdatei des betreffenden Bestandes aus dem Verzeichnungsprogramm bzw. der Archivdatenbank exportiert werden. Dies geschieht im EAD(DDB)-Format (Encoded Archival Description/Deutsche digitale Bibliothek), das inzwischen von allen gängigen Archivdatenbanken unterstützt wird (Abb. 3). Diese Datei *[Bestandsbezeichnung].xml* enthält das Vorwort und alle Erschließungsinformationen zu den Verzeichnungseinheiten inklusive der Klassifikation.

Was jetzt noch fehlt, ist die Verbindung zu den Digitalisaten. Diese Verknüpfung erledigt der sogenannte METS-Generator: Das Programm ist eine Entwicklung des LWL-Archivamts (Landschaftsverband Westfalen-Lippe). Es wurde im Rahmen des DFG-Projekts *Digitalisierung archivalischer Amtsbücher und vergleichbarer serieller Quellen* durch Stephan Makowski programmiert und wird durch ihn seitdem bei Bedarf an neue Anforderungen angepasst. Die aktuelle Version ist auf den Internetseiten des LWL-Archivamts abrufbar.[8] Der METS-Generator erkennt basierend auf den Dateinamen, ob es zu den einzelnen Verzeichnungseinheiten im EAD(DDB)-kodierten Findbuch Digitalisate gibt und in welcher Reihenfolge diese den Benutzerinnen und Benutzern angezeigt werden sollen. Diese Informationen überträgt er in den Standard METS (Metadata Encoding & Transmission Standard) und schreibt sie in eine entsprechende Datei (*mets.xml*). Diese wird in dem jeweiligen Bilderverzeichnis einer digitalisierten Akte, Urkunde oder Karte gespeichert. Gleichzeitig

---

[6] https://www.advancedrenamer.com/.
[7] https://www.xnview.com/de/xnconvert/.
[8] https://www.lwl-archivamt.de/de/fachinformationen/digitalisierung/digitalisierung-im-archiv/ unter der Rubrik *Tools und Helfer bei der Digitalisierung*.

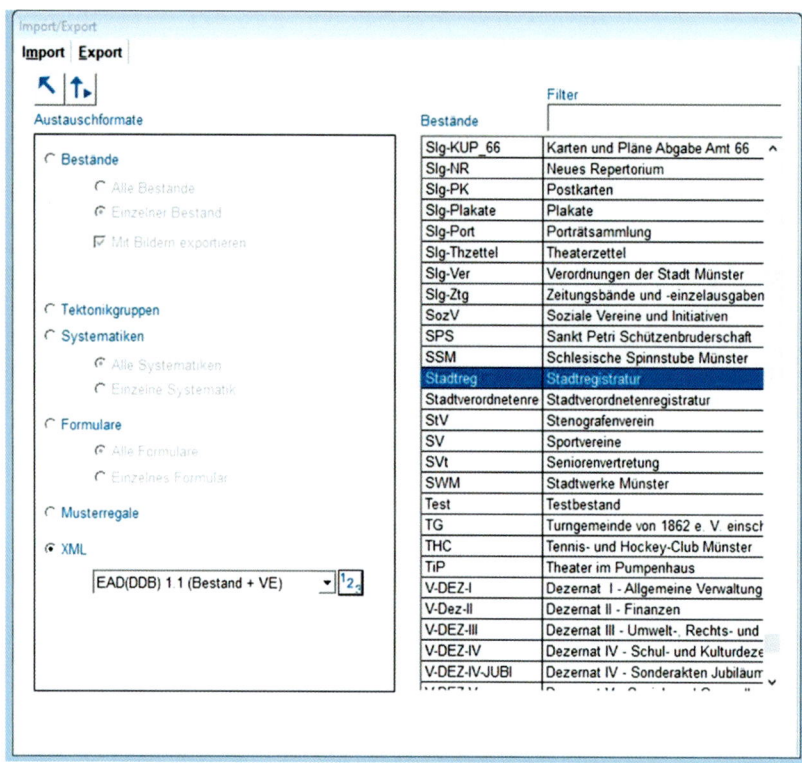

Abb. 3: Export eines EAD(DDB)-Findbuchs, hier: ein Beispiel aus dem Archivinformationssystem „Augias Archiv". Vorlage: Peter Worm.

ergänzt das Programm im EAD(DDB)-Findbuch, unter welcher Internetadresse diese elektronischen Inhaltsverzeichnisse zu den Digitalbildern zu finden sind.[9]

Damit sind alle Daten soweit aufbereitet, dass sie im Internet bereitgestellt werden können. Allerdings ist zu beachten, dass die Bilder und die zugehörigen METS-Dateien nicht auf dem Server des Archivportals liegen, sondern jedes Archiv dafür eigenen Internet-Speicherplatz, z. B. auf einem städtischen Webserver, benötigt. Es handelt sich dabei um einen einfachen Webserver (ohne weitere Logik oder Dienste), der über einen FTP-Transferclient, wie beispielsweise FileZilla, zu erreichen ist und genügend Speicherplatz bietet.

---

[9] Eine genaue Ausfüllhilfe für alle Programme ist auf den Seiten des *archivamtblog* abrufbar: Michael *Jerusalem* und Henning *Rudolph*: Der Weg zum Glück. Eine Handreichung des Stadtarchivs Münster zur Bereitstellung von Digitalisaten im Archivportal NRW. 13.12.2021. https://archivamt.hypotheses.org/15185.

Digitize-it! – Chancen und Grenzen internetgestützter Benutzung im Stadtarchiv Münster 83

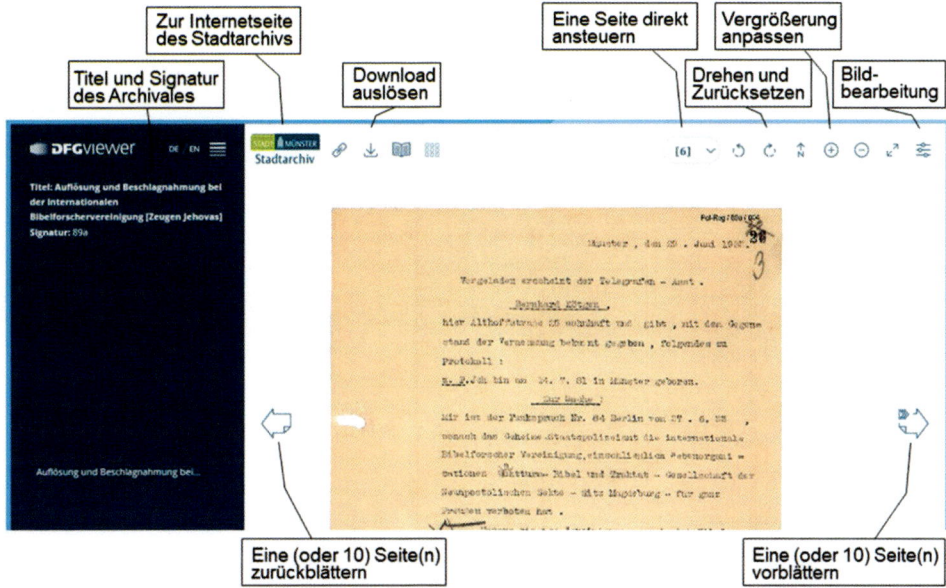

Abb. 4: Anzeige eines Digitalisats im DFG-Viewer (hier mit einer Funktionsübersicht). Vorlage: Peter Worm.

Im nächsten Schritt muss das *fertige* EAD(DDB)-Findbuch über die Pflegeschnittstelle des Archivportals hochgeladen werden.[10] Hat alles funktioniert, kann man die *onlinegestellten* Digitalisate im Archivportal aufrufen und im DFG-Viewer anschauen (Abb. 4).

Im letzten Schritt wird nun der Interessent, der den Scanvorgang angestoßen hat, per E-Mail benachrichtigt, dass die von ihm bestellten Digitalisate im Archivportal einsehbar sind.

Scanzahlen, Erwartungen, Umsetzbarkeit, Resonanz

Die Einrichtung eines kostenlosen Scan-on-Demand-Service stellte mangels Vergleichszahlen und Erfahrungswerten ein gewisses Wagnis dar. Unklar war beispielsweise:
- Wie viele Scans wird die Projektkraft auf ihrer Zweidrittelstelle am Tag / in der Woche / im Monat erstellen können?

---

[10] Aber Achtung: Wurde schon einmal ein mit Digitalisaten bestücktes Findbuch zu einem Bestand hochgeladen und soll nun erneuert oder um weitere Digitalisate erweitert werden, müssen zunächst die METS-Verweise aus dem alten EAD(DDB)-Findbuch mit denen des neuen zusammengeführt werden. Auch hierfür hat Stephan Makowski ein entsprechendes Hilfsprogramm, das Tool *Findbuch Merge*, programmiert, das man ebenfalls auf der Internetseite des LWL-Archivamts findet.

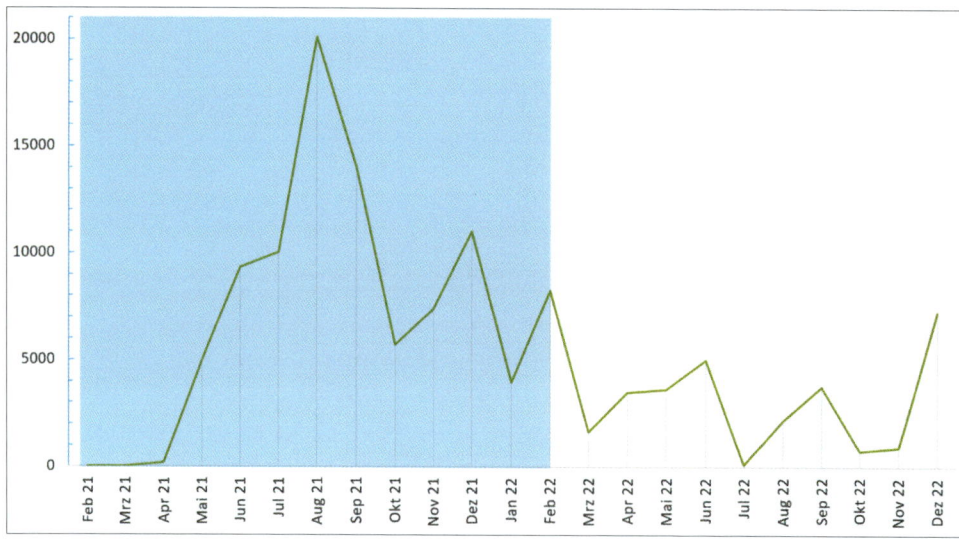

Abb. 5: Übersicht über die monatlich im Scan-on-Demand-Verfahren erstellten Scans (Februar 2021 bis Dezember 2022, Projektzeitraum hellblau hinterlegt). Vorlage: Peter Worm.

- Wird man mit den eingehenden Digitalisierungswünschen mithalten können?
- Werden Interessenten Anspruchshaltungen entwickeln und sich gar beschweren, wenn die Online-Stellung ihres Wunsches länger dauert?
- Was tun mit Massenbestellungen, die die Möglichkeiten des Projekts sprengen?

In der Summe wurden im Projektrahmen ca. 95.000 Scans von insgesamt 660 Archivalien erstellt (Abb. 5). Das entspricht einem monatlichen Durchschnitt von 7.500 Scans bzw. 60 Archivalien. Mit einer gut eingearbeiteten Vollzeitkraft ist eine Planungsgröße von 10.000 Scans im Monat zu schaffen. Bestandserhalterisch problematische, fragile Stücke reduzieren den Durchsatz. Mit ungehefteten, gut erhaltenen Originalen, die sich mit dem Einzugsscanner bearbeiten lassen, sind höhere Stückzahlen möglich. Der Peak im Sommer 2021 erklärt sich dadurch, dass zeitweise eine zweite Scankraft, die üblicherweise die Reproaufträge der Benutzerinnen und Benutzer bearbeitet, im Projekt mithalf. Nach Projektende fielen die Scanzahlen durch den Wegfall der zusätzlichen Personalstelle; erst im November konnte ein Nachfolger im Rahmen des Programms zur Förderung von Teilhabe am Arbeitsmarkt der Bundesagentur für Arbeit eingestellt werden.

Betrachtet man die Zahl der bestellten und gescannten Archivalien im Projektzeitraum, fällt ein „Berg" an Bestellungen im Juni 2021 – bald nach dem offiziellen Projektstart –

Digitize-it! – Chancen und Grenzen internetgestützter Benutzung im Stadtarchiv Münster

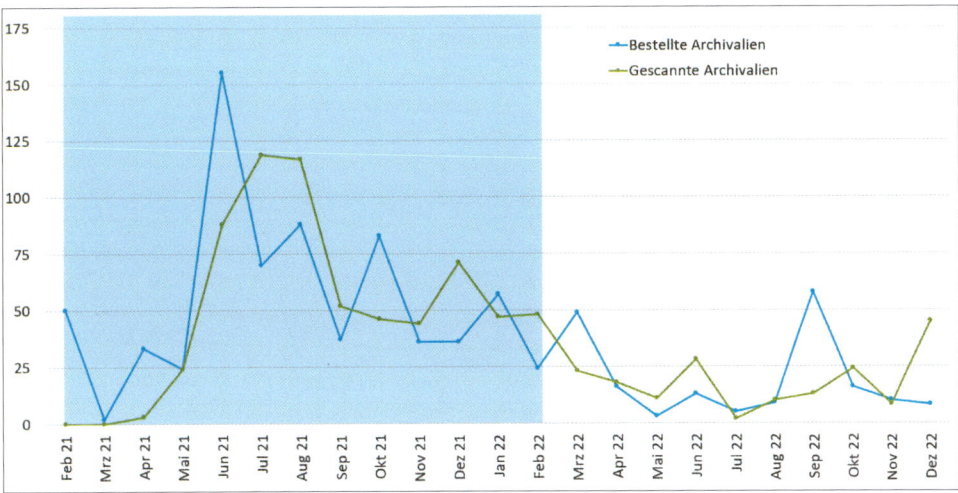

Abb. 6: Verhältnis von im Scan-on-Demand-Verfahren bestellten und gescannten Archivalien (Verzeichnungseinheiten) (Februar 2021 bis Dezember 2022, Projektzeitraum hellblau hinterlegt). Vorlage: Peter Worm.

auf, der aber deutlich geringer ausfiel, als befürchtet (Abb. 6).[11] In diesem Monat wurde mit etwas mehr als 150 Archivalien der Höchststand an Bestellungen erreicht, die Zahlen pendelten sich dann aber bald bei rund 50 Verzeichnungseinheiten pro Monat ein. Das passte sehr gut zu der vorgenannten Durchschnittsleistung der Projekt-Scankraft, so dass kein Benutzer lange auf seine Bestellung warten musste, sondern in der Regel nach 1–2 Wochen auf die gewünschten Archivalien online zugreifen konnte. Zeitkritische wissenschaftliche Forschungsprojekte und Qualifikationsvorhaben wurden bei der Bearbeitung der Bestellungen bevorzugt behandelt. Nach dem Projektende wurde der Service weiter angeboten, die Nachfrage ging aber deutlich zurück, so dass die anfallenden Aufträge vom regulären Personal bewältigt werden konnten.

Die Statistikfunktion im neuen Archivportal *Archive in NRW* erlaubt seit Oktober 2020 die Auswertung der Aufrufe und die Erhebung der Zahl der unterschiedlichen Anwender.[12]

---

[11] Allgemeinverfügungen der Stadt, die ab dem 19.04.2021 und 24.11.2021 3G- beziehungsweise 2G-Regeln für den Lesesaalbesuch festlegten, hatten kaum nachweisbare Folgen auf die Bestellmengen; der Scan-on-Demand-Service produzierte unabhängig von seinem eigentlichen Einführungsanlass eine Nachfrage.

[12] Bettina *Joergens*: Das neue Portal für alle Archive in NRW. In: Archivpflege in Westfalen-Lippe 93/94 (2021) S. 39–44.

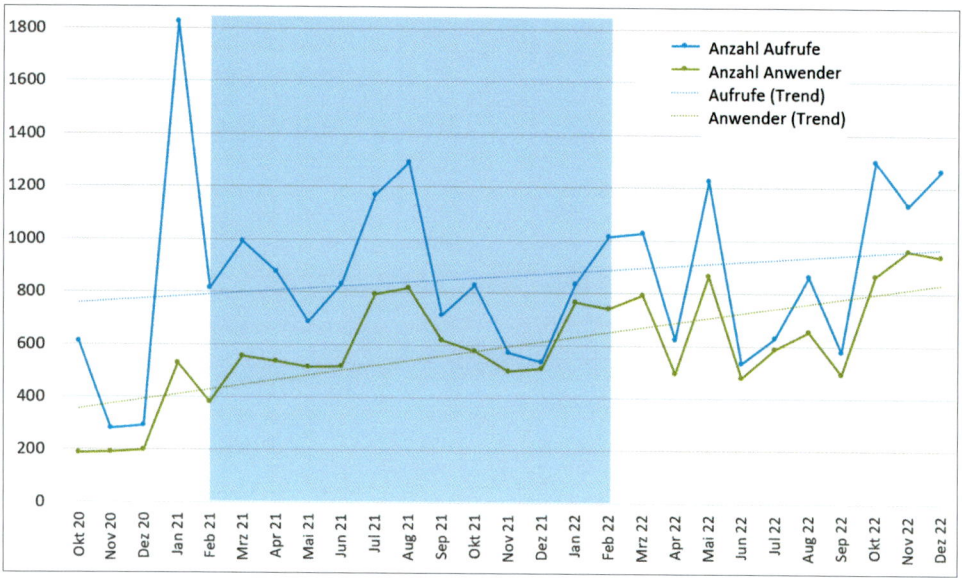

Abb. 7: Zugriffe auf die Seiten des Stadtarchivs im Portal (Oktober 2020 bis Dezember 2022, Projektzeitraum hellblau hinterlegt). Vorlage: Peter Worm.

Startete das Stadtarchiv zunächst mit knapp 200 Anwendern im Monat, stieg die Zahl im Projektzeitraum auf durchschnittlich mehr als 600 Anwender. Im Jahr 2022 besuchten im Schnitt 720 Anwender pro Monat unsere Seiten (Abb. 7).

Die Zahl der Aufrufe schwankt im Vergleich zu den Anwenderzahlen noch stärker, doch auch hier ist ein signifikanter Anstieg der Zugriffe zu erkennen: von Oktober 2020 bis Januar 2021 durchschnittlich 750, im Projektzeitraum durchschnittlich 860, im Jahr 2022 durchschnittlich 920 Aufrufe im Monat. Die Ursache für diese Anstiege ist nicht allein im Scan-on-Demand-Projekt zu suchen, sondern hat mehrere Gründe. Der Bekanntheitsgrad des Portals nach dem Relaunch und die Akzeptanz digitaler Angebote allgemein sind in der Corona-Zeit sicher gewachsen. Des Weiteren hat das Stadtarchiv auf eigene Initiative Mikrofilmdigitalisate und Scans von personenbezogenen und damit genealogisch auswertbaren Quellen online gestellt.

Dass dieses Vorgehen – als begründete Ausnahme von der reinen Nutzerorientierung – sinnvoll war, zeigen die statistischen Auswertungen mit Bezug auf diese seriellen Quellen: Besonders deutlich ist der Anstieg von Aufrufen nach der Bereitstellung der Einwohnerregister im Januar 2021 und nach der weiterer genealogisch relevanter Archivalien (Adressbücher, Straßenkataster, Schatzungs- und Rekrutierungslisten des 17.–18. Jh. und der Aktenbestände des 19. Jh. der Stadt Münster und später eingemeindeter Ämter) im Sommer 2021. Die Findbücher zu den personenbezogenen Archivalien gehören seitdem regelmäßig zu den

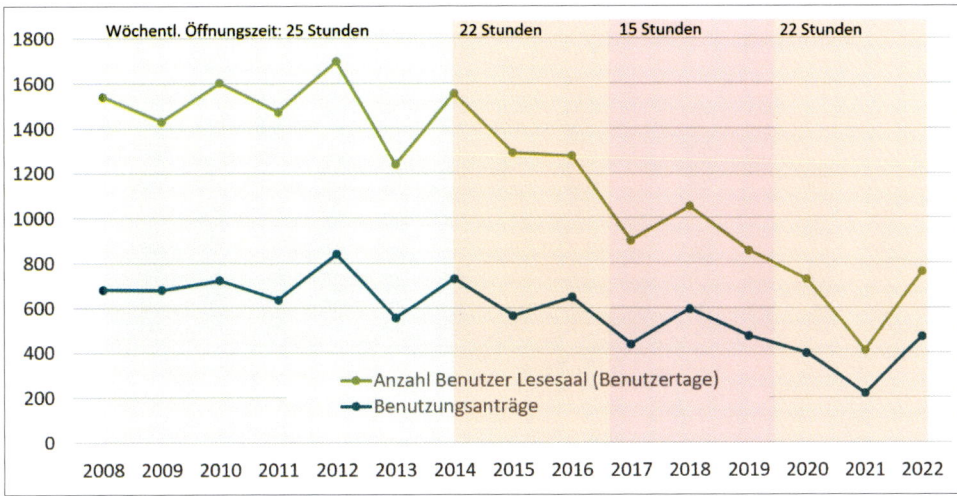

Abb. 8: Jährliche Auswertung der persönlichen Benutzung im Lesesaal des Stadtarchivs Münster unter Berücksichtigung der wöchentlichen Lesesaal-Öffnungszeit, 2008–2022. Vorlage: Peter Worm.

Top 10 Findbüchern und die Einwohnerregister der Stadt zu den am häufigsten aufgerufenen digitalen Archivalien.

Konventionelle und digitale Nutzungsformen – eine Konkurrenz?

Inwiefern *konventionelle* und *digitale* Nutzungsformen sich beeinflussen, wenn den Nutzerinnen und Nutzern beide Möglichkeiten gleichberechtigt offenstehen, ist nicht leicht zu beantworten. Zunächst gibt es einen seit Jahren rückläufigen Trend in der Archivnutzung, den fast alle archivischen Einrichtungen in Deutschland beobachten können.[13] Verstärkt wurde

---

[13] Für 1998–2003 konnte das z. B. für das Staatsarchiv Münster (heute: Landesarchiv NRW Abteilung Westfalen) dokumentiert werden, vgl. Peter *Worm*: Das Staatsarchiv Münster und seine Benutzer (1995–2004). Münster / Marburg 2005. S. 15 (abrufbar unter: https://www.peter-worm.de/fileadmin/user_upload/peter-worm-de/downloads/Worm_Transferarbeit.pdf); in der Keynote zum ersten Tagungstag *Offene Archive 2.3* in Duisburg beschreibt Fred van Kan den Rückgang der Lesesaal-Nutzung in den Niederlanden, vgl. Martin *Schlemmer*: Tagungsbericht „Offene Archive 2.3" in Duisburg. In: Archivar 71 (2018) S. 69–71, hier S. 69, und Fred van Kans Beitrag in diesem Band, S. 97. Vgl. aber durchaus gegenläufige Tendenzen bei Archiven, die sich erstmals der breiteren Öffentlichkeit widmen, so in diesem Band Alain *Dubois*, S. 52.

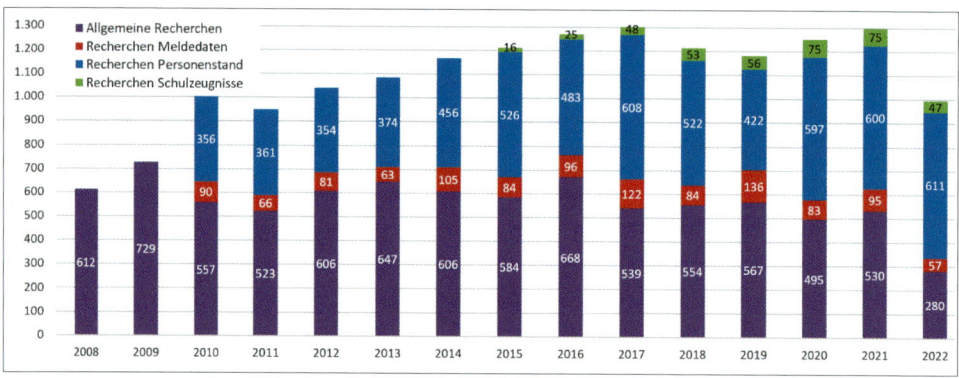

Abb. 9: Jährliche Auswertung der eingegangenen schriftlichen Recherchen des Stadtarchivs Münster unter Berücksichtigung der Anfragearten, 2008–2022. Vorlage: Peter Worm.

dieser durch den „Corona-Effekt", sprich das Wegbleiben von Interessierten während des ersten Lockdowns und in der Folgezeit. Die reinen Zahlen sehen wie folgt aus (Abb. 8): Gingen bis 2014 regelmäßig über 600 Benutzungsanträge im Jahr im Stadtarchiv ein, waren es 2017–2020 nur noch rund 400, im Ausnahmejahr 2021 sogar nur noch gut 200. Im Jahr 2022 erhöhten sich die Zahlen glücklicherweise wieder auf das Niveau von vor der Pandemie. Ähnliche Entwicklungen zeigt die Auswertung der Benutzertage: Im Schnitt besuchen Benutzende das Stadtarchiv zwei Tage pro Jahr. Dieser Wert lag in früheren Jahren etwas höher, heute liegt er leicht darunter. Ein Grund könnte eine veränderte Form der Nutzung sein. Viele Benutzerinnen und Benutzer werten ihre Archivalien nicht mehr wie früher im Archiv aus, sondern erstellen von den Seiten einer Quelle, die für ihre Frage wichtig sind, mit dem Mobiltelefon oder der Kamera Aufnahmen, die erst zu Hause ausgewertet werden. Ein weiterer Grund könnte sein, dass der Archivbesuch durch die Möglichkeit der Online-Recherche heutzutage viel besser vorbereitet werden kann als früher. Interessierte müssen nicht mehr ins Archiv kommen, um die Findmittel zu konsultieren, sondern haben das oft schon von zu Hause aus erledigt und dem Archiv die Bestellung schon im Vorfeld des Besuchs per E-Mail zukommen lassen. Der Archivbesuch konzentriert sich damit auf die Einsichtnahme in das Archivgut selbst. Für diese Annahme spricht, dass die monatliche Zahl an Vorbestellungen über das Archivportal von anfangs fünf auf inzwischen über 110 gestiegen ist. Wie lang bzw. an wie vielen Tagen der Lesesaal geöffnet hat, scheint dagegen nur eine geringe Auswirkung auf die Nutzungshäufigkeit zu haben. Ob sich das bestätigt, bleibt abzuwarten und muss in den folgenden Jahren weiter überprüft werden.

Anders als bei der persönlichen Nutzung steigt die Zahl der schriftlichen Anfragen, mit denen das Stadtarchiv konfrontiert wird, seit Jahren an (Abb. 9). Auch dieser Trend ist nicht

Digitize-it! – Chancen und Grenzen internetgestützter Benutzung im Stadtarchiv Münster   89

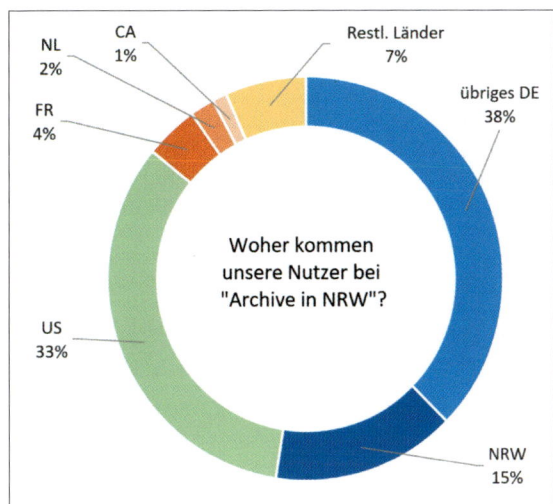

Abb. 10: Auswertung der Herkunft der Internetnutzerinnen und -nutzer im Betrachtungszeitraum Oktober 2020 bis Dezember 2022. Vorlage: Peter Worm.

münsterspezifisch, sondern wird in vielen Archiven beobachtet. Besonders seit der Übernahme der Personenstandsregister von den Standesämtern gewinnt die Beauskunftung aus diesen Unterlagen an Bedeutung und macht inzwischen gut die Hälfte der Anfragen aus.[14]

Die Auswertung der Herkunft der Internetnutzenden, die das Archivportal neuerdings erlaubt, hilft bei der Untersuchung der Eingangsfrage weiter (Abb. 10): Nur gut die Hälfte von ihnen stammt aus Deutschland (53 %) und nur 15 % kommen aus Nordrhein-Westfalen. Die größte ausländische Gruppe bilden die USA mit 33 % der Anfragen, danach Frankreich mit 4 % und die Niederlande mit 2 %.

Umgekehrt kommt der ganz überwiegende Teil der persönlichen Benutzerinnen und Benutzer im Lesesaal aus Münster oder dem Münsterland ins Stadtarchiv und ist nur in geringem Maße mit den Internet-Nutzenden in Deckung zu bringen. Damit lässt sich festhalten: Über die digitale Bereitstellung erreicht man vor allem eine neue Zielgruppe, die nur in seltenen Fällen den Weg in den Lesesaal auf sich genommen hätte. Die Gründe für sinkende oder stagnierende Nutzerzahlen in den Lesesälen der Archive liegen somit nicht – oder nur zu einem geringen Teil – in der zunehmenden digitalen Bereitstellung von Archivalien.

---

[14] Die massenhaft gleichförmigen Anfragen werden mittlerweile zum Großteil über ein Online-Bestellverfahren abgewickelt, das sogar die Bezahlung auf digitalem Weg erlaubt, vgl. https://www.stadt-muenster.de/archiv/service-angebote/personenstandsregister.

Abb. 11: Quellenkundliche Information auf der städtischen Internetseite als thematischer Quereinstieg ins Archivportal, hier: Schatzungsregister und Gesamtschatzungsregister mit dem exemplarischen Verweis auf das Register der Lamberti-Leischaft (Stadtarchiv Münster, Ratsarchiv A VIII Nr. 259d, Band 1); unter den entsprechenden Link ist ein persistenter Identifikator unterlegt.

Veränderte Beratung

Bei der Online-Benutzung entfällt das Angebot einer klassischen Lesesaal-Beratung. Das hat Folgen für die Art und Weise, wie Archive erschließen müssen, damit digitale Suchstrategien erfolgreich sein können.[15] In jedem Fall aber stellen das Provenienzprinzip und die

---

[15] Stellvertretend für die Forschungsliteratur zu dem Thema sei verwiesen auf Mario *Glauert*: Müssen wir anders verzeichnen? Erschließung zwischen analogen Archivgewohnheiten und digitalen Nutzererwartungen. In: Archivpflege in Westfalen-Lippe 91 (2019) S. 32–37; Karsten *Uhde*: Zwischen Tradition und Online-Mainstream – Archivische Erschließung im 21. Jahrhundert. In: Archivpflege in Westfalen-Lippe 90 (2019) S. 6–10, und aus Nutzersicht Lars *Thiele*: Wenn Akten auffindbar werden: Archivische Erschließung aus Sicht eines Nutzers. In: Erschließung 2.0: Erwartungen. – Probleme. – Lösungen. Hg. vom Landesverband Sachsen im Verband deutscher Archivarinnen und Archivare e.V. Leipzig 2019. S. 27–30.

hierarchische Ordnung und Erschließung für Forschende, die den Google-Schlitz und intelligente Suchmaschinen gewohnt sind, ein Hindernis auf dem Weg zum gesuchten Archivgut dar. Das Stadtarchiv Münster hat deshalb zwei Strategien eingeschlagen: Einerseits kommt Beständebeschreibungen, Findbuch-Vorworten und auch Klassifikationsbeschreibungen ein besonderer Wert zu. Diese Hilfen funktionieren für Interessierte, die sich über eine *navigierende Suchstrategie* im digitalen Benutzerraum des Archivs bewegen. Daneben braucht es alternative *Schnellzugänge*, die das Stadtarchiv Münster mit einer digitalen Quellenkunde unter der Rubrik *Archivalien digital*[16] verknüpft hat (Abb. 11). Hier werden erklärungsbedürftige serielle Aktentypen vorgestellt und Entstehungszusammenhang und -zweck, zu erwartende Inhalte und der Quellenwert diskutiert. Exemplarische Bilder aus den Archivalien erleichtern das Verständnis; ein kurzes Literaturverzeichnis lädt zum detaillierteren Einlesen und Studieren ein. Ein zentrales Element sind Verlinkungen zu den digitalisierten Archivalien im Archivportal, die den direkten Aufruf einer Akte oder eines Amtsbuchs und seine Anzeige im Erschließungskontext erlauben. Für die Links werden die sogenannten *persistenten Identifikatoren* genutzt, die im Portal eine stabile, zitierfähige technische Referenz bieten, die sich auch nach der Aktualisierung einer Beständeübersicht oder dem Hochladen eines ergänzten Findbuchs nicht ändert. Für Studierendengruppen und für fortgeschrittene Archiv-Nutzende hat das Stadtarchiv in der neuen Reihe *Forschen und Lernen* ein Studienbuch[17] aufgelegt, das einen ausführlicheren quellenkundlichen Teil sowie ein Glossar und fünf vollständig transkribierte Originale aus vier Jahrhunderten enthält, um damit die Lesefähigkeit im Selbststudium üben zu können.

Andererseits empfiehlt sich die Durchführung von digitalen Sprechstunden, wie das andere Archive bereits erfolgreich seit einigen Jahren tun.[18] Münsters Archive haben eine

---

[16] https://www.stadt-muenster.de/archiv/archivalien-digital. Ähnliche thematische „Quereinstiege" bieten das Landesarchiv Baden-Württemberg https://www2.landesarchiv-bw.de/ofs21/suche/quellensammlungen.php – vgl. Thomas *Fricke* und Ulrich *Schludi*: Nutzerberatung im Internet. Von der Fragestellung zum Bestand. In: Neue Wege ins Archiv – Nutzer, Nutzung, Nutzen. 84. Deutscher Archivtag in Magdeburg. Hg. von Monika *Storm* u. a. (Tagungsdokumentationen zum Deutschen Archivtag 19). Fulda 2016, hier: Ulrich *Schludi*: Von der Fragestellung zum Bestand. Die Rechercheführer des Landesarchivs Baden-Württemberg, S. 153–155 – und übergreifend das Themenportal Weimarer Republik im Archivportal-D: https://www.archivportal-d.de/themenportale/weimarer-republik.

[17] Tilman *Haug*: Städtische Verwaltung und Justiz in der Frühen Neuzeit. Eine Einführung in die seriellen Quellen des Stadtarchivs Münster (Forschen und Lernen 2). Münster 2022, zu beziehen über das Stadtarchiv Münster oder den Buchhandel.

[18] Vgl. die Transferarbeit von Marion *Baschin*: „Online-Sprechstunde". Möglichkeiten digitaler Nutzerberatung am Beispiel des Landesarchivs Baden-Württemberg, digital abrufbar: https://www.landesarchiv-bw.de/sixcms/media.php/120/63601/Transferarbeit2018_Baschin.pdf; das Stadtarchiv München bietet über Webex digital begleitete Recherche-Workshops an: https://stadt.muenchen.de/events/recherchierenimscopequery.html; auch kleinere Stadtarchive wie Brilon laden zur Online-Sprechstunde Familiengeschichte ein: https://brilon-totallokal.de/2022/04/02/der-vergangenheit-ein-gesicht-geben-2/. Ein breites Beratungsprogramm – auch jenseits von Beratungssprechstunden

solche gemeinsame Beratung erfolgreich als Beitrag zum diesjährigen Tag der Archive am 5. März 2022 von 11–13 Uhr erprobt.[19] Es hörten rund 40 Teilnehmende in der Videokonferenz zu; immerhin 10–12 Personen stellten Fragen und diskutierten mit. Besonders hilfreich war dabei, dass alle Archivsparten vertreten waren und jede / jeder auf die jeweils einschlägigen Bestände des eigenen Hauses verweisen konnte. Hier bietet die digitale Variante sogar einen Mehrwert gegenüber dem analogen Pendant im Lesesaal und wurde inzwischen in ähnlicher Form noch weitere viermal durchgeführt.

Fazit

Der Scan-on-Demand-Service und die damit verbundene zunehmende Online-Nutzung führen zu einer ganzen Reihe von positiven Folgen:
- Der Repro-Wunsch einer / eines Einzelnen wird in einen Vorteil für die gesamte interessierte Öffentlichkeit umgewandelt, indem die gewünschten Archivalien nicht nur dieser einen Person, sondern über das Internet jeder / jedem zur Verfügung stehen.
- Die mit einer persönlichen Einsichtnahme verbundenen Reisewege entfallen, und damit auch der entstehende CO_2-Ausstoß.
- Nutzung wird unabhängig von Lesesaal-Öffnungszeiten ermöglicht.
- Gerade häufig nachgefragte Originale müssen seltener vorgelegt werden, so dass der Effekt der Schutzdigitalisierung eintritt und die Archivalien geschont werden.
- Aus den gleichen Gründen tritt eine Entlastung des Benutzungs- und Magazindienstes ein.
- Ebenso führt der Rückgang von redundanten Reproaufträgen für Einzelseiten, die ja die gleichen Arbeitsschritte bei Bestellung, Aushebung und Reponierung auslösen wie der Komplettscan eines Archivales, zu einer Entlastung des Personals.
- Den Mehraufwänden bei der Digitalisierung im Scan-on-Demand-Verfahren stehen also Entlastungsfaktoren gegenüber, die sich umso stärker auswirken, je länger der Digitalisierungsservice besteht.

---

im engeren Sinn – bietet das Hohenlohe-Zentralarchiv in Neuenstein an, das seit Mitte 2014 regelmäßig zu Nutzerseminaren, Nutzersprechstunden und Nutzerworkshops zu verschiedensten Themenbereichen, Fragestellungen und Quellengattungen einlädt, seit 2020 ergänzt durch Online-Formate und immer wieder in Kooperationen mit den örtlichen Kommunalarchiven und Geschichtsvereinen: https://www.landesarchiv-bw.de/de/aktuelles/termine?location=65100. Einen ähnlichen Ansatz gibt es in etwas geringerem Umfang vom Landesarchiv Schleswig-Holstein, das explizit quellenkundliche Seminare anbietet: https://www.schleswig-holstein.de/DE/landesregierung/ministerien-behoerden/LASH/Service/Veranstaltungen/_documents/fortbildungen.html?nn=c4c41399-dc48-45e2-a0e0-940730afb1d6.

[19] Vgl. die Pressemitteilung der Stadt Münster vom 1. März 2022: https://www.muenster.de/pressemeldungen/web/frontend/output/standard/search/1/design/standard/page/1/show/1095316.

- Eine „passgenaue" Digitalisierung nach Benutzungsinteresse vermeidet unnötige Ressourcenaufwände beim Scannen, Weiterverarbeiten und Vorhalten der Daten, wie sie beim beständeweisen Digitalisieren notwendigerweise auftreten.
- Das Stadtarchiv wird als der Öffentlichkeit zugewandte und moderne Kultureinrichtung wahrgenommen. Das Angebot hat ausschließlich zu positiven Rückmeldungen geführt, wobei insbesondere der hohe Benutzerkomfort, das einfache, formlose Anstoßen eines Digitalisierungsvorgangs und die unmittelbare Orientierung an den Wünschen der Nutzerinnen und Nutzer gelobt wurden.[20]

Dem gegenüber stehen ein – möglicherweise aber auch gar nicht mit dem Scan-on-Demand-Service zusammenhängender – leichter Rückgang der Benutzerzahlen im Lesesaal und damit verbunden der Bedarf, alternative Beratungsangebote zu entwickeln.

Man kann zusammenfassen, dass eine entschlossene Transformation archivischer Dienstleistungen nicht die Existenz von Archiven gefährdet, sondern deren Sichtbarkeit und Nutzung in einer zunehmend digital arbeitenden Welt sichert. Dass man bei der Digitalisierung analogen Archivguts den Benutzungswünschen folgt, stellt bisher (gerade in Deutschland) die Ausnahme dar, während andere Länder längst die Vorteile erkannt und umgesetzt haben (Niederlande, Schweiz).[21] Im staatlichen Kontext testen erste deutsche Archive benutzergesteuerte Digitalisierung,[22] aber es ist noch verfrüht, von einem bundesweiten Trend zu sprechen.

Die Erfahrungen des Stadtarchivs Münster zeigen,
1. dass man mit überschaubaren finanziellen Mitteln einen funktionierenden Digitalisierungsworkflow *on-demand* aufsetzen kann, der weitgehend auf kostenloser Software fußt;
2. dass die benötigten personellen Ressourcen überschaubar sind;
3. dass Archive nicht mit einer Flutwelle an Bestellungen zu rechnen haben, sondern allenfalls mit einer Bugwelle in den ersten Monaten nach dem Aufsetzen des Service-Angebots;
4. dass man von Seiten der Nutzerinnen und Nutzer beim Aufbau und Betrieb eines solchen Angebots selbst bei anfänglichen Problemen und hinsichtlich der Umsetzungsgeschwindigkeit und -menge mit grundsätzlichem Verständnis und großer Freude rechnen kann.

---

[20] *Worm*, Digitize-it!, wie Anm. 3, S. 57 mit Abb. 6.
[21] Zum Schweizer Bundesarchiv Natalie *Mudroch*: Das Bundesarchiv – Digitalisierung on demand. In: „Eisbrecher" Dezember 2019. https://www.bit.admin.ch/bit/de/home/dokumentation/kundenzeitschrift-eisbrecher/eisbrecher-archiv/kundenzeitschrift-eisbrecher-ausgabe-75/onlinezugang-bar.html. Weitere Beispiele in: *Worm*, Digitize-it!, wie Anm. 3, hier S. 54.
[22] Das Deutsche Bundesarchiv kündigte an, den *Digitalisierung-on-Demand-Dienst (DoD)* in Zukunft ausbauen zu wollen; vgl. die Pressemitteilung vom 28.01.2021: 100.000 Akten digital und online recherchierbar. Aktueller Stand der Digitalisierung von Schriftgut im Bundesarchiv. https://www.bundesarchiv.de/DE/Content/Meldungen/2021-01-28_100000_Akte_digitalisiert.html.

Noch vor 20 Jahren waren die Archivalien und in aller Regel auch die Inventare, die den Benutzern den Weg zu ihnen wiesen, die sogenannten Findbücher, nur einmal vorhanden. Die Interessierten mussten sich ins Archiv begeben, um Einblick nehmen zu können. Mancher Archivar und manche Archivarin ging gar so weit, die Findbücher ihren Benutzern gar nicht vorzulegen, sondern ihnen, nachdem das Forschungsvorhaben erklärt und beschrieben war, die ihrer Meinung nach einschlägigen Akten und Urkunden herauszusuchen. Heutzutage gehen fast alle professionell besetzten Archive von mündigen Benutzerinnen und Benutzern aus, die anhand der Findbücher ihre Bestellungen aufgeben können und die bestellten Archivalien auch vorgelegt bekommen.

Es muss die Frage erlaubt sein, warum viele deutsche Archive in ihren virtuellen Lesesälen nicht mit der gleichen Selbstverständlichkeit auf Benutzerwünsche reagieren. Vielmehr folgen sie mit ihren bestandsweisen Digitalisierungsprojekten weiter der in der analogen Welt längst überholten Prämisse, es besser als die Nutzenden zu wissen, welche Archivalien man vorlegen solle.[23]

Es bleibt dem Autor die Empfehlung, bei der Priorisierung von Digitalisierung ein wenig Kontrolle aus der Hand zu geben und sie denen anzuvertrauen, für die wir Archive unsere Anstrengungen unternehmen: den Benutzerinnen und Benutzern. Gleichzeitig ist es nur konsequent, die digitale Dienstleistung zu den gleichen Konditionen anzubieten, wie es das jeweilige Archiv in der analogen Welt tut – im Fall des Stadtarchivs Münster kostenfrei.[24]

---

[23] Bereits Nicholas *Negroponte*: Being Digital. New York 1995 beschreibt diese Umkehrung vom *Push-Verhältnis* zum *Pull-Verhältnis* in der digitalen Welt.

[24] Stellvertretend sei auf die *Open Access Policy*-Diskussion u. a. auf den Konferenzen *Offene Archive* verwiesen, die in den letzten Jahren breite Unterstützung erfahren hat.

Auf dem Weg zu einem vollständigen Online-Angebot. Innovationen beim Gelders Archief

Von Fred van Kan

Die Geschichte des Gelders Archief begann am 25. Juni 1802 mit der Anstellung des ersten Archivars von Gelderland.[1] Damit ist das Gelders Archief nach dem Nationaal Archief – mit einem Unterschied von nur acht Tagen – das zweitälteste Archiv der Niederlande.[2] Unser Gebäude befindet sich in Arnheim, der Hauptstadt der Provinz Gelderland. Zum Herzogtum Geldern im Mittelalter gehörte auch das sogenannte Oberquartier, im Westen des heutigen Bundeslandes Nordrhein-Westfalen gelegen, mit der namengebenden Stadt Geldern.

Das Gelders Archief ist ein sogenanntes Regionalhistorisches Zentrum. Das erste dieser Zentren entstand 1995 durch die Fusion zwischen dem Stadtarchiv Utrecht und dem Staatsarchiv der gleichnamigen Provinz. Diese Fusion war wegweisend und führte dazu, dass sich eine neue kulturpolitische Maxime herausbildete: Zusammenarbeit und Verschmelzung wurden fortan als Voraussetzungen dafür gesehen, dass Archive eine größere Öffentlichkeit erreichen können. In allen Provinzhauptstädten kam es nun zu Fusionen zwischen Staats- und Stadtarchiven unter dem Namen *Regionalhistorisches Zentrum*.[3]

Das Gelders Archief wurde im Jahr 2002 errichtet als Zweckverband der Gemeinden Arnheim, Renkum, Rheden und Rozendaal sowie des niederländischen Staates, soweit es sich um Archive von Regierungsstellen in der Provinz Gelderland und um Archivalien der Provinz handelte. Später traten die Gemeinde Overbetuwe und der Wasserverband Vallei en Veluwe bei. Der niederländische Staat hatte dabei bis vor Kurzem auch die Verantwortung für die Archivbestände der Provinz Gelderland inne, sobald diese an das Gelders Archief übergeben wurden. Seit 2013 bleibt die Provinz jedoch auch nach der Übergabe ihres Verwaltungsschriftguts an das Gelders Archief dafür verantwortlich.[4] Damit ist sie neben den Kommunen und dem Staat nun ebenso Träger des Gelders Archief geworden.

---

[1] Der Beitrag ist eine leicht überarbeitete Fassung des Vortrags vom 20. Mai 2022.
[2] Zur Geschichte des Gelders Archiefs siehe: Frank *Keverling Buisman*: Van Hasselts nalatenschap. Tweehonderd jaar archiefzorg in Gelderland (1802–2002). In: Bijdragen en Mededelingen Gelre 91 (2003) S. 81–134, und Harrie-Jan *Metselaars*: De totstandkoming van het Rijksarchief in Gelderland 1876–1877. In: Bijdragen en Mededelingen Gelre 69 (1977) S. 235–255.
[3] Fred *van Kan*: Die Ausbildung zum Archivar in den Niederlanden. In: Beruf und Berufsbild des Archivars im Wandel. Hg. von Marcus *Stumpf* (Westfälische Quellen und Archivpublikationen 25). Münster 2008. S. 89–90.
[4] Archiefwet 1995. https://wetten.overheid.nl/BWBR0007376/2022-05-01#HoofdstukIV (aufgerufen am 31.05.2022).

Abb. 1: Das Gelders Archief in Arnheim. Vorlage: Gelders Archief.

Die von uns verwalteten Archive decken die gesamte Geschichte Gelderlands ab, von der Zeit des Herzogtums über die der Republik bis hin zur heutigen Provinz. Die Archive des 20. Jahrhunderts sind die umfangreichsten.

Das älteste Dokument in unserem Magazin ist Teil eines Manuskripts aus der karolingischen Zeit, das um das Jahr 800 geschrieben wurde, ein einzigartiges Fragment des Buches *De Spectaculis* des Kirchenvaters Tertullian. Es diente als Deckblatt für ein Register aus dem 16. Jahrhundert.[5] Das älteste Schriftstück aus dem Verwaltungszusammenhang ist eine Urkunde aus dem Jahr 1076, in der König Heinrich IV. eine Landparzelle in der Nähe von Arnheim, die heute Biljoen heißt, für die Restaurierung der St.-Peters-Kirche in Utrecht stiftet.[6]

Seit jeher dient das Gelders Archief als Auffangnetz für Privat-, Familien- und im Besonderen Adelsarchive. Die Übernahme weiterer solcher Archive bildet auch heute noch einen wichtigen Schwerpunkt unserer Arbeit.

---

[5] Gelders Archief, 0409 Huis Keppel. 1784A. https://permalink.geldersarchief.nl/ 354FB1CB23894AFE91F50B237B048C71 (aufgerufen am 31.05.2022).

[6] Gelders Archief, 0552 Huis Biljoen 1. 43A. https://permalink.geldersarchief.nl/ 60F8ABBF87E340AEA3E2EA0361A4971A (aufgerufen am 31.05.2022).

2013 sind wir in ein neues Gebäude umgezogen. Dort beherbergt das Gelders Archief mehr als 41 Kilometer Archivalien inklusive umfangreicher Sammlungsbestände, darunter Fotos, Karten, Zeitungen, Bibliotheken, Ton- und Filmaufzeichnungen. Dazu verwalten wir auch digitales Archivgut, inzwischen im Umfang von ungefähr 115 Terabyte.

Was das digitale Zeitalter anbelangt, hat sich das Gelders Archief im Jahr 2012 zu einer Kursänderung hin zur Online-Zurverfügungstellung und der Digitalen Archivierung entschlossen, weil man damals erkannte, dass auf diesen Feldern die Zukunft des Archivwesens liegen würde. Nur neun Jahre früher, im Jahr 2003, war im Bericht *Naar een publieksgericht archiefbestel* (Zur Publikumsorientierung der Archive) noch konstatiert worden, dass die niederländischen Archive die Möglichkeiten des Netzes nur unzureichend nutzten.[7] Demzufolge würden große Teile der potentiellen Interessentengruppen nicht erreicht. Die Forschenden schätzten, dass die Anzahl der Online-Besucherinnen und -Besucher im Falle einer Kursänderung um 125 Prozent erhöht werden könnte.[8] Wenn wir die Online-Besucherzahl des Gelders Archief in den Blick nehmen, dann sehen wir, dass diese sich für das Jahr 2003 auf fast 45.000 Besuche belief und 2020 zum ersten Mal den Wert von einer Million erreichte. Das bedeutet also eine Zunahme, die um vieles umfangreicher ist, als man es 2003 vermutet hatte. Dem steht eine Abnahme der Zahl der Lesesaalbesuche gegenüber, von 11.000 vor zehn Jahren auf ungefähr 1.700 im Jahr 2019. Die Jahre 2020 und 2021 seien hier ausgeklammert, weil die COVID-Pandemie die Werte verzerrt.

Im bereits genannten Bericht aus dem Jahr 2003 wurde dafür plädiert, die Findmittel auch online anzubieten. Das haben wir in den letzten Jahren umgesetzt, und wir sind sogar noch weitergegangen: Die Archivalien können auch im Lesesaal nur noch über das Internet bestellt werden. Wir verwenden dafür das Programm MAIS. Unsere Hilfsmittel präsentieren wir sowohl auf unserer eigenen Website als auch gemeinsam mit anderen archivischen Nutzern von MAIS auf der Website *www.archieven.nl*. Dort befinden sich inzwischen über 247 Millionen Beschreibungen von niederländischen Archivalien. Mittels eines Exports aus MAIS werden unsere Findmittel auch im Archivportal Europa angezeigt. Das Programm MAIS und die Website *archieven.nl* sind kommerzielle Produkte, auf welche die Nutzer mittels eines Nutzervereins gemeinsam Einfluss ausüben.

Die Veröffentlichung der Findbücher und die Möglichkeit der Online-Anfrage sind das eine. Aber unsere Benutzerinnen und Benutzer erwarten inzwischen auch, die Originaldokumente online lesen zu können: Informationen sucht man vor allem online. Darum hat das Gelders Archief heute ein vollständiges Online-Angebot zum Ziel; so wird es den Herausforderungen der heutigen Gesellschaft gerecht. Ein vollständiges Online-Angebot heißt für mich: Jede Information ist online verfügbar; ein Besuch im Archiv ist nicht mehr not-

---

[7] Koos *van Dijken* und Natasha *Stroeker*: Naar een publieksgericht archiefbestel. Kenmerken, doelbereik, consequenties. Zoetermeer 2003. S. 2. https://panteia.nl/uploads/sites/2/2017/05/naar_een_publieksgericht_archiefbestel.pdf (aufgerufen am 31.05.2022).

[8] *Van Dijken/Stroeker*, wie Anm. 7, S. 44.

Abb. 2: „Digitalisierung auf Abruf" beim Gelders Archief. Vorlage: Gelders Archief.

wendig. Um das zu ermöglichen, haben wir im Jahr 2016 in Arnheim angefangen, Archivgut auf Abruf kostenlos zu scannen. Man darf pro E-Mail-Adresse pro Woche vier Einheiten bestellen, die vollständig gescannt und innerhalb von einer, maximal zwei Wochen online gestellt werden. Anschließend geht eine Nachricht an die Bestellerin oder den Besteller heraus, dass er sich die bestellten Digitalisate herunterladen kann. Der Anfragende bekommt von uns also nicht die Digitalisate übermittelt, sondern wird nur noch auf die Online-Stellung hingewiesen. Zum Zwecke dieses Dienstes wurde eine Scanlinie aufgebaut, die aus drei Scannern mit unterschiedlichen Kapazitäten besteht, die die ganze Woche über voll besetzt sind. Heute beträgt die Jahresproduktion 2,4 Millionen Scans. Diese Scans werden direkt mit der jeweiligen Verzeichnungseinheit im Internet verknüpft, damit der nächste Forschende nicht erneut um die Digitalisierung bitten muss.

Bisher haben wir unsere *Digitalisierung auf Abruf* auf Objekte beschränkt, die älter als 110 Jahre sind. So vermeiden wir Probleme mit dem Datenschutz und dem Urheberrecht. Wo es keine Hindernisse gibt, werden wir in den kommenden Jahren aber auch jüngere Stücke digitalisieren.

Wir haben mit unserem Angebot keine bestimmte Personengruppe im Sinn. Die angeforderten Scans zeigen jedoch, woran unser Publikum am meisten interessiert ist. Ganz oben auf der Liste stehen Scans von Bauplänen, die für die Renovierung des eigenen Hauses angefordert werden. Der Rest der Nachfrage konzentriert sich hauptsächlich auf die Geschichte Gelderlands während des Ancien Régime.

Es sollte aber nicht vergessen werden, dass unsere Website bei Weitem am häufigsten für genealogische Recherchen besucht wird. Die wichtigsten genealogischen Quellen sind jedoch bereits seit Jahren online verfügbar. In den Scan-Top-Ten sind solche Quellen daher selten zu finden. Ich werde gleich darauf zurückkommen.

Neben der *Digitalisierung auf Abruf* digitalisieren wir auch aus eigener Initiative. Unsere Fotos, Drucke und Zeichnungen, Filme und Tonbänder werden schon seit vielen Jahren parallel erschlossen und digitalisiert und anschließend nicht mehr im Original zur Verfügung gestellt. Auch die Scans der Personenstandsregister und der Kirchenbücher sind schon seit langer Zeit online zu konsultieren. Die Digitalisierung der Personenstandsakten kam durch eine Zusammenarbeit mit den Mormonen zustande. Sie hatten diese Akten schon vor vielen Jahren verfilmt. Diese Filme haben die Mormonen vor einigen Jahren gescannt.

Manchmal erfolgte die Digitalisierung mithilfe von Fördermitteln. Dazu ein Beispiel: Dank eines Förderprogramms der Regierung konnten wir die Korrespondenz von Charlotte Sophie Gräfin Bentinck, Reichsgräfin von Aldenburg, digitalisieren: Eine Sammlung von rund 25.000 Briefen, die über einen Zeitraum von mehr als 65 Jahren ein beeindruckendes Bild des europäischen Adels im 18. Jahrhundert liefern. Sie korrespondierte unter anderem mit Friedrich dem Großen von Preußen, Voltaire und Paul I. von Russland.[9]

In Bezug auf das Archivgut von Behörden konnten wir als öffentliches Archiv selbst entscheiden, ob wir Digitalisierungsanfragen annehmen. Um jedoch auch privates Material, zum Beispiel aus Adelsarchiven, scannen zu können, wurden die beteiligten Familien, Organisationen und Personen um Zustimmung gebeten. Das geschah aber nicht für jede Anfrage einzeln, sondern prospektiv für die Digitalisierung ihres gesamten Archivs. Diese Zustimmung wurde häufig auch gegeben.

Es wäre gut, wenn ein kontrollierter, sicherer Weg gefunden werden könnte, um Forschenden auch datenschutzrelevantes Material aus der Ferne virtuell zugänglich machen zu können, beispielsweise über eID. Aber leider sind wir in diesem Punkt noch nicht so weit.

Wegen der COVID-Pandemie haben wir uns im März 2020 entschlossen, Archivgut, das schon online verfügbar ist oder auf Abruf gescannt werden kann, nicht mehr im Lesesaal zur Einsichtnahme vorzulegen. Inzwischen haben wir uns entschieden, diese Praxis auch zukünftig und unabhängig von der aktuellen Pandemie beizubehalten. Betroffen davon ist alles kommunale und staatliche Archivgut aus der Zeit vor 1912. Wir bemühen uns jedoch andererseits, keinen Unterschied zwischen unseren digitalen und analogen Dienstleistungen zu machen. Darum ist eine Möglichkeit zum Live-Chat ebenso wichtig wie die schnelle Be-

---

[9] Gelders Archief, 0613 Familie Bentinck/Aldenburg Bentinck. 152–1137. https://permalink.geldersarchief.nl/A3352122BFAC4198882CC04A89415028 (aufgerufen am 31.05.2022).

antwortung von E-Mails. Der Live-Chat wird von unserem Publikum zunehmend stärker in Anspruch genommen. Das Gelders Archief ist von Montag bis Freitag von 13 bis 16 Uhr per Chat erreichbar. Im Jahr 2020 war die Anzahl der Chats unter dem Einfluss der Corona-Pandemie um 40 Prozent höher als 2019 (1.470 gegenüber 1.049), und noch immer ist die Anzahl hoch (1.331 im Jahr 2021). Auch der E-Mail-Verkehr hat seit 2019 zugenommen.

Die Fragen im Chat zielen vor allem auf die Suche nach einschlägigem Archivgut. Erfahrene Forscherinnen und Forscher stellen gezielte Fragen, die schnell beantwortet werden können. Weniger gezielte Fragen deuten in der Regel darauf hin, dass die Personen mit dem Archiv weniger vertraut sind. Wir versuchen dann zunächst herauszufinden, was sie wissen wollen. Im zweiten Schritt verweisen wir oft auf unsere Website, zum Beispiel auf die Forschungsführer und die FAQ-Seite. Das hilft den Forschenden auf ihrem Weg und liefert manchmal schon eine Antwort auf ihre Frage. Wenn wir ihnen über den Chat nicht ausreichend helfen können, leiten wir die Chat-Konversation an unsere Mailbox weiter, damit wir die Frage per E-Mail ausführlicher beantworten können.

Durch gezielte Fragen versuchen wir herauszufinden, ob jemandem tatsächlich geholfen werden konnte. Bei einem physischen Kontakt ist dies leichter festzustellen, aber beim Chat-Service sieht man die Person nicht und sie bleibt anonym. Obwohl die meisten Besucherinnen und Besucher die Chatfunktion schätzen, gibt es noch immer eine kleine Zahl von Personen, die es vorziehen, sich persönlich helfen zu lassen. Jetzt, wo der Lesesaal wieder geöffnet ist, kommen sie häufiger vorbei.

Neben diesen direkten Kundenkontakten suchen wir unser Publikum – wie viele andere Institutionen genauso – auch über die bekannten sozialen Medien, über Facebook, Instagram, Twitter, LinkedIn und YouTube. Bislang fehlte uns eine Content-Strategie, die wir jedoch im letzten Jahr fertiggestellt haben. Darin heißt es unter anderem, dass wir soziale Medien nutzen, um Inhalte zu verbreiten, die historisches Interesse wecken und die unabhängige historische Forschung unterstützen.

Ein vollständiges Online-Angebot ermöglicht eine sehr enge Zusammenarbeit zwischen den Archiven. Das Gelders Archief hielte es für effizient, wenn sich die Regionalhistorischen Zentren in den Niederlanden bei der Beantwortung von Fragen per Live-Chat und E-Mail zusammenschlössen. Ein Vorteil davon wäre unter anderem, dass nicht jedes Archiv Expertinnen oder Experten benötigte, die lateinische Texte verstehen können; zudem wäre es so wahrscheinlich einfacher, auch abends das Personal für die Beantwortung von Nutzerfragen bereitzustellen.

Wie oben angegeben, bietet das Gelders Archief der Öffentlichkeit Forschungsführer an, sowohl in Form eines ausführlichen Leitfadens als auch in Form eines Kurzführers. Diese Leitfäden können auf der Website eingesehen werden. Es handelt sich um die Themen Adel, Unternehmen, Verwaltung der Provinz Gelderland, Zivile Registrierung, Bauakten, Erbschaftserklärungen oder *Memories van Successie*, Soldaten, Notariatsarchive, Gerichtsarchive und Testamente.

Jetzt, da so viel online angeboten wird, ist es wichtig, dass jeder in der Gesellschaft, einschließlich Menschen mit Behinderungen, unsere Website nutzen kann. Wir versuchen, dies so weit wie möglich zu realisieren. Derzeit passen wir unsere Website an die Richtlinie *Über den barrierefreien Zugang zu den Websites und mobilen Anwendungen öffentlicher Stellen*[10] an, damit auch gehörlose, sehbehinderte und blinde Menschen unsere Website gut nutzen können. Auch dies gehört zu einem guten Online-Angebot dazu. Wir haben in diesem Prozess schon einen langen Weg zurückgelegt. Heute ist unser Konformitätsstatus *teilweise konform*.

Problematisch ist noch die archivtypische Präsentation von Findbüchern im Netz. Das Publikum ist daran gewöhnt, einen Suchbegriff in Google einzugeben, aber unsere Findbücher sind nicht dafür geeignet, denn es fehlt an Stichwort-Indizes. Das ist ein Problem, das weltweit auftritt. Eine Antwort darauf gibt es noch nicht.

Heute ist das Gelders Archief nur noch zwei Tage pro Woche geöffnet, aber ich erwarte, dass wir den Lesesaal in wenigen Jahren für Besucherinnen und Besucher nur nach vorheriger Terminvereinbarung und in Sonderfällen öffnen. Dabei denke ich an:
- den Empfang von Forscherinnen/Forschern, die Archivgut konsultieren wollen, dessen Zugänglichkeit aufgrund des Archivgesetzes oder der Datenschutzgrundverordnung beschränkt ist, sodass wir damit nicht online dienen können;
- den Empfang von Publikum, dem wir wegen des Urheberrechts nicht virtuell dienen können (weil wir beispielsweise keine Erlaubnis für das Online-Stellen von Fotos haben) und
- den Empfang von Forscherinnen/Forschern, die für ihr Vorhaben das Archivgut im Original einsehen müssen, z. B. ein Professor mit seinen Studierenden.

Wenn wir uns den Hintergrund der Besucher des Lesesaals ansehen, können wir feststellen, dass die Entwicklung des Besucherquerschnitts hin auf die gerade genannten Gruppen im Jahr 2022 bereits in vollem Gange ist. Dazu trägt allerdings sicher auch in starkem Maß bei, dass die typischen seriellen genealogischen Quellen bereits online zugänglich sind und kommunales und staatliches Archivgut aus der Zeit vor 1912 ja gar nicht mehr im Lesesaal vorgelegt wird.

Eine neue Entwicklung ist das Online-Stellen von Born-digitals, also von Archivgut, das rein elektronisch entstanden ist. In den Niederlanden geschieht das heute zwar noch kaum, aber es wird zunehmen, da gemäß dem neuen Archivgesetz ab dem Jahr 2025 die Übernahme digitalen Schriftguts bereits zehn Jahre nach der Schließung der Akte erfolgen wird.[11] Für die Übernahme von Born-digitals sind wir abschließend vorbereitet. In den letzten Monaten haben wir ein digitales Archiv eingerichtet. Aber ein e-Depot beim Gelders Archief allein genügt wahrscheinlich nicht, weil sich eine ganz neue Entwicklung abzeichnet, die

---

[10] Richtlinie (EU) 2016/2102 des Europäischen Parlaments und des Rates vom 26. Oktober 2016. https://eur-lex.europa.eu/legal-content/DE/TXT/HTML/?uri=CELEX:32016L2102&from=DE (aufgerufen am 31.05.2022).

[11] Voorstel van Wet tot intrekking van de Archiefwet 1995 en vervanging door de Archiefwet 2021 (Archiefwet 2021). https://open.overheid.nl/repository/ronl-0b9659d4-95b0-46e2-b62f-4f0fd8cee3e2/1/pdf/archiefwet-2021-wettekst-met-mvt.pdf (aufgerufen am 31.05.2022).

wir *Archivierung an der Quelle* nennen. Es gibt bei den Behörden viele Datenbanken, die wenigstens teilweise archivwürdig sind. Es ist aber die große Frage, ob die Archive diese Datenbanken in der Zukunft noch übernehmen sollten. Denkbar ist, dass die Behörden selbst ihre Datenbanken dauerhaft archivieren und dass die Archive die Aufsicht darüber führen und das System vielleicht jährlich oder alle fünf Jahre zertifizieren. Bei dieser Entwicklung gäbe es also keine Übernahme mehr, die Archive hätten nur die Rolle, die allgemeine Online-Zugänglichkeit zu ermöglichen. Obwohl Schriftgut dann nicht mehr übernommen wird, werden die entsprechenden Dokumente noch immer formell zu Archivgut.

Das Gelders Archief versteht sich als Datenlieferant, als Institution, welche die Quellen im Prinzip jedermann frei zur Verfügung stellt. Darum gilt für die Informationen, die wir anbieten, das Prinzip der *Open Data*. Das heißt, dass wir uns bemühen, die Daten so anzubieten, dass es für Dritte möglich wird, sie für ihre eigene Forschung und eigene Produkte zu nutzen. Wir verstehen unter *offenen Daten* also Daten, die von jedermann frei verwendet, nachgenutzt und verbreitet werden können. Diese Politik geht über das hinaus, was die Europäische Richtlinie *über die Weiterverwendung von Informationen des öffentlichen Sektors*[12] seit 2013 auch von Museen, Bibliotheken und Archiven verlangt: auf Antrag die Weiterverwendung von Informationen zu ermöglichen, das heißt, das passive Zurverfügungstellen von Informationen. Dagegen bedeutet das *offene* Anbieten von Daten, dass die jeweilige Institution die Daten der Öffentlichkeit aktiv und prospektiv zur Verfügung stellt. Auf diese Weise folgen wir den *FAIR Data Prinzipen*: Die Daten sind *Findable*, *Accessible*, *Interoperable* und *Re-usable*. Das offene Anbieten von Daten in Form von Datensätzen, die frei heruntergeladen werden können, ist – Stand heute – ein Projekt, das sich noch in Arbeit befindet. Zurzeit umfasst unser offenes Angebot 56 Findbücher sowie die Daten in den Personenstandsregistern und in den Kirchenbüchern.

Die Entscheidung, die Rolle als Datenlieferant, als Mittler zwischen Quellen und Publikum, anzunehmen, bedeutet auch, dass das Gelders Archief selbst prinzipiell keine historische Forschungsarbeit leistet, abgesehen von der Erteilung von Auskünften. Wir liefern Halbfabrikate, keine Endprodukte. Unser Publikum erstellt diese Produkte zum Beispiel in Form von Büchern, thematischen Internetseiten und so weiter. Das war in der Vergangenheit ganz anders, und nicht nur in Gelderland. Archivarinnen und Archivare des Gelders Archief traten vielfach als Historikerinnen oder Historiker von Stadt, Region und Provinz auf. Diese Rolle nehmen wir nicht mehr wahr, wir konzentrieren uns auf unsere Kernaufgaben. Dies bedeutet auch, dass das Archiv im Gegensatz zu den Kollegen in vielen anderen Archiven keine Ausstellungen mehr erarbeitet bzw. zeigt. Unser Gebäude befindet sich in einem Gewerbegebiet, nicht im Stadtzentrum von Arnheim, und ist auch nicht für Ausstellungen vorgesehen. Dies ist das Ergebnis einer Entscheidung, die getroffen wurde, als unser neues Gebäude noch gar nicht auf der Tagesordnung stand. Ursprünglich sollte das Gelders

---

[12] Richtlinie 2003/98/EG des Europäischen Parlaments und des Rates vom 17. November 2003 über die Weiterverwendung von Informationen des öffentlichen Sektors. https://eur-lex.europa.eu/legal-content/DE/ALL/?uri=CELEX%3A32003L0098 (aufgerufen am 31.05.2022).

Archief Ausstellungen anbieten, allerdings nicht im eigenen Gebäude, sondern im Zentrum von Arnheim. Dort, in einem großen multikulturellen Gebäude, wäre auch Platz gewesen, sozusagen für einen Vorposten des Gelders Archief. Das wurde nicht realisiert, weil letztendlich der wichtigste Partner in unserem Zweckverband, der niederländische Staat, weiterhin nicht bereit war, in ein öffentliches Zentrum zu investieren, das hauptsächlich für Arnheim und Umgebung bestimmt gewesen wäre. Infolgedessen aber kann sich das Gelders Archief nun voll und ganz auf seine Rolle bei der Aufbewahrung und Bereitstellung von öffentlichem und privatem Archivgut und von Sammlungen, zum Beispiel von Fotos und Filmen, konzentrieren.

Zum Schluss: Eine neue Entwicklung für die Regionalhistorischen Zentren erwächst aus der Entscheidung des Ministers für Schule und Medien, dass sich der Staat 2024 aus den Zweckverbänden der Regionalhistorischen Zentren zurückziehen wird.[13] Der Grund hierfür ist, dass das digitale Schriftgut der nationalen Behörden in den Provinzen inzwischen in einem nationalen System gebildet wird und es nicht sinnvoll ist, die digitalen Archivalien nachträglich nach Provinzen aufzuteilen. Die Verhandlungen haben dazu geführt, dass die analogen alten Archive staatlicher Institutionen, die jetzt von den Regionalhistorischen Zentren verwaltet werden, dort verbleiben sollen und dass auch das zugehörige Budget aufrechterhalten wird. Der Generalarchivar, de algemene rijksarchivaris, Präsident des Nationalarchivs, wird jedoch die Zuständigkeit für diese Archivalien erhalten. All dies wird in einem neuen Archivgesetz festgelegt, das voraussichtlich 2025 in Kraft treten wird. Es ist daher nicht ganz sicher, wie unsere Zukunft aussehen wird …

---

[13] Afschrift brief Transitie RHCs bevestiging bestuurlijke afspraken dec 2021. https://www.rijksoverheid.nl/documenten/kamerstukken/2022/02/09/bijlage-met-brieven-transitie-rhcs-bevestiging-bestuurlijke-afspraken-dec-2021 (aufgerufen am 31.05.2022).

Die Autorinnen und Autoren

Dr. Marco Birn

Kreisarchiv Reutlingen, www.kreis-reutlingen.de/de/Tourismus-Kultur/Kreisarchiv

Marco Birn ist Archivar, Historiker und Kunsthistoriker. Er promovierte an der Universität Heidelberg im Jahr 2013 über die Anfänge des Frauenstudiums in Deutschland. Von 2013 bis 2014 war er im Hauptstaatsarchiv beschäftigt. Anschließend folgte das Archivreferendariat beim Landesarchiv Baden-Württemberg und der Archivschule Marburg (2014–2016). Seit 2016 leitet er das Kreisarchiv Reutlingen und ist seit 2021 zudem stellvertretender Leiter des Kreisschul- und Kulturamtes.

Seit 2019 ist er darüber hinaus Dozent an der Archivschule Marburg für die Grundlagen der Digitalen Archivierung.

Alain Dubois

Dienststelle für Kultur, Kanton Wallis, www.vs.ch/de/web/culture

Nach einem Lizentiat an der Universität Fribourg und einem Diplom als Archivar Paläograph an der École nationale des chartes war Alain Dubois von 2014 bis 2022 insbesondere als Kantonsarchivar und Direktor des Staatsarchivs Wallis tätig; in diesem Rahmen führte er mehrere Projekte durch, um eine bessere Aneignung des Kulturerbes durch ein breites Publikum zu fördern. Seit 2019 ist er Präsident des *Vereins Schweizerischer Archivarinnen und Archivare* und seit November 2022 Chef der Dienststelle für Kultur des Kantons Wallis.

Dr. Fred van Kan

Gelders Archief, Arnheim, www.geldersarchief.nl

Fred van Kan studierte Mittelalterliche Geschichte in Leiden und promovierte 1988 über die Entwicklung des Leidener Patriziats bis 1420. Er ist seit 1991 im niederländischen Archivwesen tätig, gegenwärtig als Generaldirektor des Gelders Archief in Arnheim. Van Kan ist Mitglied des Beirates des europäischen Projekts *European Holocaust Research Infrastructure* (EHRI) und Mitglied des Fachbeirates zum Wiederaufbau des Historischen Archivs der Stadt Köln. Er war 2016–2021 Vorsitzender des *Fund for the International Development of Archives* (FIDA), 2012–2021 Mitglied der Programmkommission des Internationalen Archivrats und 2006–2014 Vorsitzender des Berufsverbands *Koninklijke Vereniging Archiefsector Nederland* (KVAN).

Dr. Joachim Kemper

Stadt- und Stiftsarchiv Aschaffenburg, www.stadtarchiv-aschaffenburg.de

Joachim Kemper studierte Geschichte, Deutsche Philologie und Geschichtliche Hilfswissenschaften in Mannheim und Mainz. Nach Promotion in Mainz und Archivreferendariat an der Bayerischen Archivschule (2003–2005) war er zunächst mehrere Jahre als Archivar bei den Staatlichen Archiven Bayerns tätig (Bayerisches Hauptstaatsarchiv, Generaldirektion der Staatlichen Archive Bayerns, Staatsarchiv München), danach als Archivleiter am Stadtarchiv Speyer sowie als Abteilungsleiter beim Institut für Stadtgeschichte Frankfurt am Main. Seit Ende 2017 ist er Direktor des Stadt- und Stiftsarchivs Aschaffenburg. Er ist Leiter des Arbeitskreises *Offene Archive* beim *Verband deutscher Archivarinnen und Archivare e.V.*

Johannes Milla

Milla & Partner, Stuttgart, www.milla.de

Johannes Milla, geboren 1961, studierte Theaterwissenschaften, Psycholinguistik und Turkologie in München. 1989 gründete er zusammen mit seinem Partner Peter Redlin die Agentur Milla & Partner, der er bis heute als Geschäftsführer und Kreativdirektor vorsteht. Von 2014–2018 war er Vorstand des Art Directors Clubs Deutschland für *Kommunikation im Raum*, seit 2014 ist er Mitglied im Beraterkreis *Wirtschaft und Innovation* des Ministerpräsidenten Winfried Kretschmann. Mit seiner Agentur gestaltet Johannes Milla multimediale Räume, Medienarchitektur, Erlebnisse, Szenografie für Marken, Unternehmen und die öffentliche Hand – Räume, die für die Menschen durch Partizipation, Interaktion und Sinnstiftung zu echten Orten der Identifikation werden.

Dr. Ulrich Schludi

Landesarchiv Baden-Württemberg, Staatsarchiv Ludwigsburg und Hohenlohe-Zentralarchiv Neuenstein, www.landesarchiv-bw.de

Ulrich Schludi hat in Heidelberg Mittlere und Neuere Geschichte, Historische Hilfswissenschaften und Rechtswissenschaft studiert und wurde über die Entstehung des Kardinalkollegiums promoviert. Das Archivreferendariat absolvierte er von 2005–2007 beim Landesarchiv Baden-Württemberg. Anschließend war er im Kreisarchiv des Landkreises Ravensburg und im Staatsarchiv Ludwigsburg tätig, leitete von 2008–2012 das Unternehmensarchiv der Ravensburger AG und wechselte anschließend zum Landesarchiv Baden-Württemberg in die heutige Abteilung Archivischer Grundsatz. Seit Ende 2013 ist er wieder im Staatsarchiv Ludwigsburg tätig und leitet die Außenstelle Hohenlohe-Zentralarchiv Neuenstein.

Angela Weiskopf

Stadt Reutlingen, www.reutlingen.de

Angela Weiskopf studierte Architektur und Städtebau an der RWTH Aachen und der TU Wien. 1996 absolvierte sie das Städtebaureferendariat in Baden-Württemberg.

Nach Stationen in Freiburg und der Universitätsstadt Tübingen leitete sie ab 2012 das Referat Stadtplanung und Bauordnung, Bezirk Mitte, der Freien Hansestadt Bremen. Von 2017 bis zu ihrer Wahl zur Baudezernentin der Stadt Reutlingen in 2021 war sie Abteilungsleiterin für städtebauliche Planung in Stuttgart. Seit 1. August 2021 ist Angela Weiskopf Baubürgermeisterin der Stadt Reutlingen.

Dr. Peter Worm

Stadtarchiv Münster, www.stadt-muenster.de/archiv

Peter Worm hat in Marburg und Münster Historische Hilfswissenschaften, Mittelalterliche Geschichte und Kunstgeschichte studiert und wurde 2003 mit einer Arbeit zu Karolingischen Rekognitionszeichen promoviert. Das Archivreferendariat absolvierte er am Landesarchiv Nordrhein-Westfalen Abteilung Westfalen (ehem. Staatsarchiv Münster), dem LWL-Archivamt für Westfalen (ehem. Westfälisches Archivamt) und der Archivschule Marburg. Von 2005 bis 2019 war er in der Regionalen Archivpflege beim LWL-Archivamt für Westfalen tätig, seit 2014 als zuständiger Referatsleiter. In dieser Zeit hat er sich u. a. mit Digitalisierungsprojekten und der Konzeption sowie dem Aufbau der mandantenfähigen Langzeitarchivierungslösung *DiPS.kommunal* beschäftigt. Seit April 2019 leitet er das Stadtarchiv Münster.